AVANT-PROPOS

PAR PHALÈNE DE LA VALETTE

Avouons-le : ce hors-série nous a donné des sueurs froides. Comment faire honneur, en seulement 98 pages, à l'œuvre la plus riche et la plus complexe du XXe siècle ? Comment expliquer sans affadir, comparer sans dénaturer, analyser sans se perdre ni perdre le lecteur ? Kamikazes que nous sommes, nous n'avons cependant pas pu résister : il fallait essayer, il fallait espérer que notre amour sincère de l'œuvre de J.R.R. Tolkien l'emporterait. Après tout, si *Le Point Pop* existe, c'est un peu grâce au « Seigneur des anneaux ». La découverte de la Terre du Milieu fut une épiphanie, un voyage sans retour. Le monde prit des couleurs fantastiques et l'on comprit soudain la fonction des contes, de la mythologie, des cultures populaires. Si nous sommes ce que nous sommes aujourd'hui, c'est parce que Tolkien nous a ouvert les portes d'un royaume infini, fait de littérature et d'Histoire, de philosophie, de poésie... et de plaisir !

Il y a donc beaucoup de tout cela dans ce numéro, d'autant plus collector qu'il bénéficie des superbes dessins de John Howe, célèbre illustrateur de Tolkien et directeur artistique des films de Peter Jackson, qui les a réalisés rien que pour nous ! Les grands spécialistes français et anglo-saxons du genre ont également participé, mettant leur expérience et leurs lumières au service de cette expédition. Avec eux, nous explorerons les secrets de l'origine de Gandalf (dont le premier portrait, au côté d'un chamois, est pour le moins surprenant), la géopolitique du mal, le double je de Gollum (qui cultive une parenté avec les dragons) ou encore les principes linguistiques de l'elfique, à appliquer en mots croisés ! Prêt à saisir votre bâton et à prendre la route ? ■

PS : Entre l'ancienne traduction française du « Seigneur des anneaux » et la nouvelle, en vigueur depuis trois ans, il a fallu choisir. Continuerait-on de parler de Frodon Sacquet ou passerait-on à Frodo Bessac ? Le débat fut rude (on lui a d'ailleurs consacré un article) mais finalement tranché en faveur du respect des traditions... En attendant que celles-ci évoluent avec les prochaines générations de lecteurs !

Le Point POP

Le Point Pop
N° 12 avril - mai 2018
1, bd Victor – 75015 Paris
Tél. : 01.44.10.10.10

Directeur de la publication
Etienne Gernelle

Responsable du Point Pop
Phalène de La Valette

Rédaction
Romain Brethes, Mathilde Brézet, Bibiane de Pampelonne, Philippe Guedj, Jean-Luc Wachthausen, Phalène de La Valette, Judikael Hirel, Edouard de Bélizal, Jean-Rodolphe Turlin, Jean-Baptiste Juillard, Damien Bador et Marie Daubié

Remerciements
John Howe, Dominique Bourgeois, Tolkiendil, The Tolkien Estate

Conception et réalisation
Camille Fillion, Aurélie Bousseliou, Delphine Ribeiro, Oriane Droguet

Révision et secrétariat de rédaction
Frédéric Guernalec, Patricia Lepez, « Le Point »

Iconographie
Valérie Delafosse

Photogravure
José Marin

Documentation
Stella De Santis

Diffusion
Dominique Dirand, ddirand@lepoint.fr

Ventes
Jean Girault
01.44.10.11.86

Publicité/Le Point Communication
Xavier Duplouy,
01.44.10.13.22, xduplouy@lepoint.fr

Le Point Pop est édité par la Société d'exploitation de l'hebdomadaire Le Point - Sebdo.
Société anonyme au capital de 10 100 160 euros
1, bd Victor – 75015 Paris
R.C.S. Paris B 312 408 784
Associé principal : ARTEMIS S.A.
Président-directeur général : Etienne Gernelle
Directeur général délégué : François Claverie

Dépôt légal à parution – n° ISSN : 2607-3730
n° de commission paritaire : 0620 C79739
ISBN : 979 10 93232 83 6

Impression Maury

Distribution MLP

PEFC 10-31-1282 Certifié PEFC pefc-france.org

Origine géographique du papier : Allemagne
Taux de fibres recyclées : 0%
Certification des fibres : PEFC
Eutrophisation PTot : 0,015 kg/t

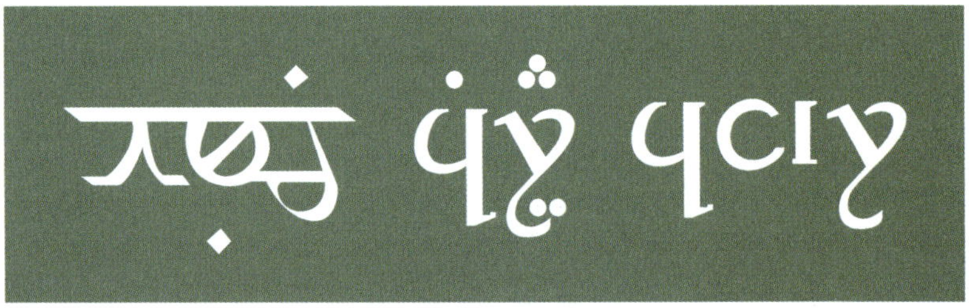

CRÉDIT COUVERTURE : ILLUSTRATIONS : JOHN HOWE POUR « LE POINT POP » - THE LIFE IMAGES COLLECTION/GETTY - PHOTO12/ALAMY - NEW LINE CINEMA/COLLECTION CHRISTOPHEL - DR

#PointPopTolkien

@LePointPop Vous aimez Le Point Pop et ce hors-série ? Partagez vos impressions sur Twitter & Instagram avec le hashtag #PointPopTolkien. Quelques surprises attendent les plus belles contributions… Bonne lecture !

SOMMAIRE

Akhil Suhas, photographe et grand fan de Tolkien, a parcouru la Nouvelle-Zélande, pays du tournage de la trilogie de Peter Jackson, déguisé en Gandalf.

UN LIVRE POUR LES GOUVERNER TOUS

Le tour de magie de Tolkien ? Avoir créé, plus qu'un roman, une cosmogonie aux résonances universelles. Œuvre totale, la Terre du Milieu est devenue le mythe moderne le plus populaire du XXe siècle. **Par Philippe Guedj**

CATERS NEWS AGENCY/SIPA

Traduit en 56 langues, « Le seigneur des anneaux » est le troisième roman le plus vendu de tous les temps.

« J'*ai été aspiré dans ces immenses sagas comme le Hobbit dans le monde extérieur* » : d'un timbre et d'une élocution rapide étonnamment proches de ceux de Ian Holm, alias Bilbon, dans les films de Peter Jackson, J.R.R. Tolkien résumait ainsi son destin au micro de la BBC, en 1971. Un homme *« aspiré »* par sa création, objet d'un culte mondial qu'il n'a pas forcément désiré. Deux ans après, le créateur du « Seigneur des anneaux » rendait l'âme et sa mort faisait la une du *Times*. L'épopée des Hobbits en Terre du Milieu n'allait conquérir Hollywood que trente ans plus tard, mais Tolkien était déjà une star, y compris aux Etats-Unis. En publiant « Le Hobbit » en 1937, puis sa légendaire « suite » en trois tomes entre 1954 et 1955, le respectable philologue d'Oxford n'avait pas idée du maelström populaire qu'il allait déclencher. Grand spécialiste français de la question et coordinateur du « Dictionnaire Tolkien », Vincent Ferré résume ainsi le pouvoir de séduction du « Seigneur des anneaux » : *« C'est une lecture qui fait du bien, un livre qu'on aime tellement, une fois terminé, qu'on a envie de le partager. »* Mais, alors que l'universitaire américain Brian Attebery compare l'impact de Tolkien à celui d'une météorite bouleversant l'écosystème, Anne Besson, professeure de littérature à l'université d'Artois, parle plutôt d'une pierre jetée dans un lac : *« Après le gros plouf initial, ce sont surtout les remous qui suivent qu'il convient d'observer. Pour Tolkien, l'impact de sa réception n'a produit ses effets que lentement et s'est déroulé en trois temps : la parution anglaise du "Hobbit", puis celle du "Seigneur des anneaux" et, enfin, la parution américaine de ce dernier, en 1965, qui sera vraiment décisive. »*

Alors il y a bien sûr ces chiffres dignes de la cime du Mont Methedras, si élevés qu'ils en disparaissent dans la brume – les diverses sources évoquent plus de 150 millions d'exemplaires écoulés pour les trois volets combinés du « Seigneur des anneaux », traduits dans 56 langues. Il s'agit toujours du troisième roman le plus vendu de tous les temps, derrière le « Don Quichotte » de Cervantès et « Un conte de deux villes » de Dickens. Il y a aussi les plus •••

DR

Timbres (ci-dessus) ou pin's, la folie Tolkien se retrouve partout.

de 6 milliards de dollars de recettes amassés en salle par les six films de Peter Jackson entre 2001 et 2014, rondelette somme franchissant le pic de 10 milliards si l'on inclut les ventes en vidéo. Enfin, suprême Graal de toute création de franchise, les royalties issues des produits dérivés : jeux vidéo, jeux de rôle, jouets, joaillerie, tee-shirts, bibelots en tout genre... Un ensemble chiffré lui aussi à plusieurs milliards de dollars de revenus chaque année. On comprend mieux pourquoi, en 2017, le Tolkien Estate (qui gère les droits des héritiers de l'auteur) et les studios Warner Bros. ont définitivement réglé cinq ans de conflit juridique autour du pactole des films pour escalader ensemble un nouveau sommet : une série de plusieurs saisons produite par Amazon Studios (qui s'est offert ce droit pour 250 millions de dollars) et située avant les événements narrés dans « La communauté de l'anneau ». Mais, aussi vertigineux soient-ils, les chiffres ne suffisent pas à cerner l'impact sans précédent du monde immense imaginé par Tolkien. La cosmogonie de la Terre du Milieu s'est érigée, à travers les décennies, au rang de mythe moderne le plus populaire inventé au XXe siècle. Plus populaire même que « Star Wars » ?

« L'impact de "Star Wars" a été plus foudroyant en raison de son média, le cinéma », concède Anne Besson. Avant de contre-attaquer : *« Mais George Lucas a davantage synthétisé une matière préexistante visible, du "Héros aux mille et un visages", de Joseph Campbell, à la tradition du* serial *de science-fiction type "Flash Gordon". Tolkien, lui, a tellement gommé toute influence trop "repérable" dans son œuvre qu'il en a fait une matière autonome. Les Elfes et les Trolls ont des racines mythologiques et existaient déjà, mais, sous leur forme la plus populaire, ils ont été inventés par Tolkien. "Le seigneur des anneaux" est une vraie création qui me semble plus fidèle à la définition du mythe. »*

Copié mais jamais égalé

Certes, la fantasy littéraire préexistait à Tolkien dès le XIXe siècle : du père « officiel » du genre, William Morris (« La source au bout du monde », 1896), à l'Ecossais Kenneth Grahame (« Le vent dans les Saules », 1908) en passant par Henry Rider Haggard (« Les mines du roi Salomon », 1885)... Sans oublier ces légendes scandinaves et germaniques qui ont nourri « L'anneau du Nibelung », de Wagner, ni les récits des *pulps* américains comme le « Conan » de Robert E. Howard. Bref, « Le seigneur des anneaux » n'a pas à proprement parler inventé le genre. Mais il l'a en revanche définitivement synthétisé sous une forme à l'ampleur sans

D'ABORD FLATTÉ, L'ÉCRIVAIN VA RAPIDEMENT SATURER FACE À L'ENGOUEMENT DES FANS.

DR - LEBRECHT/LEEMAGE

En 1978 sort une version animée (très kitsch) du « Seigneur des anneaux », réalisée par Ralph Bakshi.

précédent et à l'aune de laquelle tous les auteurs suivants se sont positionnés. *« Tout récit de fantasy subit forcément à un niveau ou à un autre l'influence de Tolkien. Soit vous établissez une connexion délibérée avec lui, soit vous essayez de le tuer. Mais, dans tous les cas, tout, aujourd'hui encore, tourne autour de lui »*, nous confirme l'Américain Michael Drout, auteur de la « J.R.R. Tolkien Encyclopedia ». Il serait vain d'égrener la liste de ceux qui marchent sur les traces du « Seigneur des anneaux » tant ils sont nombreux. Notons simplement qu'une partie des « copieurs » reprend de Tolkien le principe d'une compagnie de héros venus de peuples variés, celui des langues parlées par ces peuples, celui des cartes géographiques ou encore celui des appendices d'ouvrage, censés nous en apprendre plus sur le vaste monde où se déroule l'action. Ecrites sur un ton documentaire, ces annexes non narratives se composent d'arbres généalogiques, de chronologies, de précisions linguistiques... Mais aucune n'atteint l'ampleur, la cohérence et le degré d'existence « extra-textuelle » de Tolkien. Anne Besson le confirme : *« La Terre du Milieu est l'un des premiers espaces fictionnels à partir desquels les lecteurs ont pu créer leurs propres aventures. »*

Michael Drout avoue ainsi avoir reproduit à l'adolescence nombre de cartes du « Seigneur des anneaux » *(« puis je les froissais et j'en brûlais les contours pour leur donner un aspect de parchemin »)*. Paul Booth, 35 ans, professeur d'études audiovisuelles et cinématographiques à l'université DePaul de Chicago, se souvient, quant à lui, qu'en fac son père et ses camarades avaient dessiné sur l'un des murs de leur chambre une carte de la Terre du Milieu avec les noms des lieux écrits en elfique. Et l'on ne compte plus les ingénieurs du MIT qui ont baptisé leurs logiciels, ordinateurs ou mots de passe avec des surnoms chipés à Tolkien. *« Même si Conan Doyle, Jules Verne ou Edgar Rice Burroughs ont créé des mondes alternatifs avant lui, il fut le premier à le faire à si grande échelle,* affirme Booth. *Avec ses appendices mais aussi "Le Silmarillion" et les douze livres de "L'histoire de la Terre du Milieu" (édités à titre posthume par son fils Christopher Tolkien), il fut le précurseur de la narration transmédia consistant à créer un monde au-delà du récit. »* C'est bien ce caractère totalement immersif de l'univers tolkienien qui inspirera Gary Gygax et Dave Arneson, créateurs en 1974 du jeu de rôle « Donjons et dragons ». Parmi les races composant l'univers du jeu, Gygax et Arneson ont même inclus des Hobbits, prudemment renommés « Halfelins » (« Halflings » en VO) pour éviter un procès de la famille Tolkien. Encore aujourd'hui leader du marché du jeu de rôle, « D&D » a donné lieu à une avalanche de succédanés et de déclinaisons en jeu vidéo, jeu de société et figurines de collection. Et, comme le note Antoine Dauphragne dans le « Dictionnaire Tolkien », l'imaginaire de la Terre du Milieu reste la sève essentielle de « D&D » et de ses dérivés, qui ont à leur tour contribué à diffuser les stéréotypes de la fantasy et son « bestiaire merveilleux » dans la culture populaire. Les films de Peter Jackson, à leur tour, ont remis une colossale pièce dans la machine et fait entrer l'œuvre de Tolkien dans la culture de masse.

Tolkien, coqueluche des hippies et des écolos

Et dire que tout, ou presque, est parti d'un gigantesque malentendu... Car, si la Grande-Bretagne a bel et bien fait un triomphe en librairie au « Hobbit » puis au « Seigneur des anneaux » dès leur première publication, il faudra attendre la sortie de « La communauté de l'anneau » en format poche aux Etats-Unis, en 1965, pour que le mythe explose définitivement. Les trois livres avaient été préalablement importés outre-Atlantique en grand format, entre 1954 et 1964, pour des ventes globales plafonnant à 185 000 exemplaires en 1964. La version poche va tout changer, notamment grâce à une retentissante polémique créée par une édition poche pirate chez Ace Books. Pour mieux protéger le copyright de l'œuvre, une « nouvelle édition révisée » est publiée en petit format par l'éditeur Ballantine avec la bénédiction de Tolkien, qui bénéficiera du soutien actif de sa communauté de fans naissante. Découverte entre 1965 et 1966, cette itération fera fureur sur les campus et transformera un simple succès d'édition en phénomène de société. Mais avec un prix douloureux à payer pour Tolkien : *« Lui qui évoluait depuis toujours au sein d'un monde d'universitaires d'Oxford, masculin, conservateur, chrétien, va se retrouver vénéré par des jeunes gens de gauche californiens fumant de la marijuana, qui voient en lui un apôtre de la contre-culture écologiste et pacifiste. Ce qu'il n'est* •••

Des « cosplayers » à Londres, lors du Comic Con. Fans jusqu'au bout !

PHOTO12/ALAMY

LES AMÉRICAINS ONT PRIS SES ROMANS COMME DES OBJETS DE POP CULTURE À LA TARZAN.

qu'indirectement, raconte Anne Besson. *C'est ce public qui va faire la gloire de ses romans et développera autour d'eux une culture de fans à l'ampleur que nous connaissons aujourd'hui.* » Le milieu des années 1960 fournit effectivement l'épicentre du séisme culturel et politique qui agite une jeunesse de l'Oncle Sam en pleine soif d'imaginaire et de contestation. « *Les étudiants américains ont découvert "Le seigneur des anneaux" en même temps que "Star Trek" et les comics Marvel, toutes ces nouvelles créations qui nourrissaient leur besoin d'évasion. Ils ont exprimé de façon très extravertie leur passion pour Tolkien, qui s'est retrouvé pris malgré lui dans ce mouvement* », commente Paul Booth. Dans les facs des côtes Est et Ouest, les slogans « Gandalf président » et « Frodon est vivant » ornent tee-shirts et pin's, tandis qu'en 1969 deux auteurs étudiants publient (déjà !) la parodie « Lord of the Ringards » (« Bored of the Rings » en VO). Certains jeunes Américains épris d'univers parallèles – y compris via le LSD – et en plein éveil politique (guerre du Vietnam, luttes pour les droits civiques) se passionneront pour la lutte des fragiles mais courageux Hobbits, unis aux Elfes, Nains et Humains, contre l'ordre oppresseur incarné par Sauron, Saroumane et leurs armées industrieuses destructrices de forêts.

D'abord flatté, Tolkien va rapidement saturer. Les fans anglais l'inondaient déjà de lettres le questionnant sur une myriade de détails, et l'auteur prenait le temps de leur répondre. Aux Etats-Unis, le culte prend un tour consumériste qui lui déplaît. « *Contrairement aux lecteurs anglais, qui ont vu dans "Le seigneur des anneaux" la continuation d'une tradition de la fantasy et des mythologies anciennes, les Américains l'ont pris comme un livre surgi de nulle part et un objet de pop culture à la Conan ou à la Tarzan*, décrypte Michael Drout. *Cette vision s'est traduite par une réappropriation ludique du roman qui heurtait Tolkien.* » Au même moment, des deux côtés de l'Atlantique, le rock s'empare du « Seigneur des anneaux »... ou tente de le faire : grands fans des livres, les Beatles échouèrent à convaincre Stanley Kubrick de monter autour d'eux une adaptation au cinéma (avec John Lennon dans le rôle de Gollum, Paul McCartney dans celui de

Frodon, Ringo Starr en Sam et George Harrison en Gandalf !). Tolkien refusa de toute façon de céder les droits cinéma de son bébé, avant de les vendre finalement au studio United Artists en 1969, pour 100 000 malheureuses livres. Fondateur officiel du hard rock, le groupe Led Zeppelin consacrera plusieurs chansons à l'univers de la Terre du Milieu, telles « Ramble On », « The Battle of Evermore » ou « Misty Mountain Hop ». Le « Dictionnaire Tolkien » dresse un panorama complet des nombreux groupe ou genres musicaux, du rock psychédélique/progressif au heavy metal le plus extrême, qui ont imprégné leur musique de références plus ou moins explicites au « Seigneur des anneaux ». Une influence qui, jusqu'à aujourd'hui, touche l'Amérique comme l'Europe. Et, après tout, quoi de plus logique pour un livre dont les personnages chantent régulièrement de la poésie et dont l'univers même a été créé par une symphonie divine ?

A droite comme à gauche

Cette récupération à tout-va se produira aussi sur le plan politique. Tolkien a beau clamer que son œuvre n'est en rien une allégorie (ni même de la Seconde Guerre mondiale), les deux bords de l'Amérique l'adoubent via des lectures radicalement opposées. « *Je donne des conférences dans des facs très progressistes et d'autres très conservatrices. Dans les deux camps, on adore Tolkien*, s'en amuse Michael Drout. *A gauche, on juge que "Le seigneur des anneaux" penche du côté des faibles, des opprimés et de la nature qu'il faut protéger. A droite, on y voit une célébration de l'individu, de la tradition et des valeurs chrétiennes.* » Et, au fond, note Claire Caland, chercheuse en mythologies comparées, « *quand on parle de mythe, il ne peut pas vraiment y avoir d'erreur d'interprétation. Même si on se trompe dans les grandes largeurs, c'est une variation qui s'intègre au tableau général. Prenez la Genèse, par exemple, le texte original ne parlait pas d'une pomme mais d'un simple fruit. C'est une erreur de traduction qui a donné naissance à notre imaginaire chrétien !* » De quoi consoler le professeur Tolkien ?

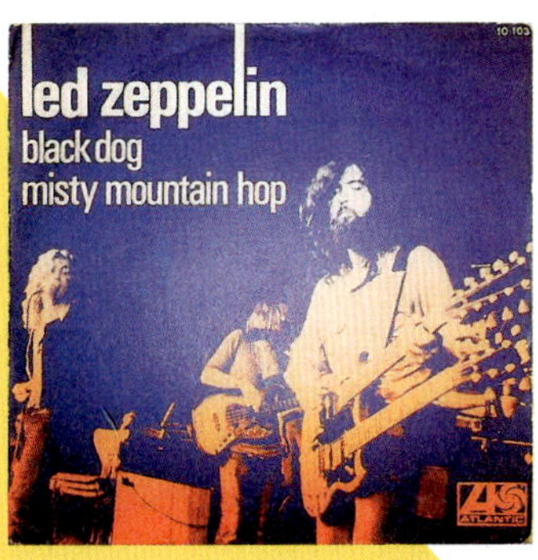

DR

Le groupe Led Zeppelin a consacré plusieurs chansons à l'univers de la Terre du Millieu.

La malléabilité du « Seigneur des anneaux », couplée à l'extrême étendue de son univers, en a en tout cas fait un prodigieux objet d'études universitaires, lesquelles ont principalement poussé, Ô paradoxe, sur le terreau du « vulgaire » succès populaire des films de Jackson. En 2000, Michael Drout recensait une trentaine de cours consacrés à Tolkien dans les facs américaines ; il en dénombre aujourd'hui plus de 300. Outre la célèbre Tolkien Society, fondée en 1969 en Grande-Bretagne et implantée dans divers pays, la communauté universitaire qui se consacre à Tolkien compte aussi des groupes en Grande-Bretagne, en France, en Hongrie, en Italie, en Pologne et au Japon... « Le seigneur des anneaux » serait également très lu en Chine ! En France, où elle fut publiée pour la première fois entre 1972 et 1973 chez Christian Bourgois, l'épopée de Tolkien recevra un chaleureux accueil public et critique. Vincent Ferré rappelle qu'à l'époque les écrivains Régine Deforges, Julien Gracq, Jean-Jacques Pauvert ou Christopher Franck lui témoigneront leur soutien. « *Mais les médias ont longtemps cultivé une image caricaturale de Tolkien et de son univers, sans trop savoir d'ailleurs où le situer, entre la SF et la littérature jeunesse*, regrette-t-il. *Il a fallu attendre le tournant des années 2000 et l'éclosion du Web pour assister à un véritable phénomène de prise de parole démocratique autour de Tolkien.* »

A vrai dire, en France comme ailleurs, « Le seigneur des anneaux » profite à plein d'un parfait alignement de planètes entre 2001 et 2003 : Hollywood s'empare du mythe, l'explosion de l'Internet à haut débit crée une véritable convergence internationale des fans et, au même moment, la vague « Harry Potter » (série publiée depuis 1997) étend et hybride le profil des fans de fantastique. Dumbledore est comparé à Gandalf, Voldemort à Sauron... Les univers se répondent et scandent l'air du temps culturel. Fermement protégé par le Tolkien Estate, l'héritage de la Terre du Milieu semble définitivement nourri par une double dynamique universitaire et populaire. Et sa magie n'a pas fini d'ensorceler le monde puisque, à la tête du Tolkien Estate, le jeune Adam Tolkien (48 ans) a succédé, en novembre 2017, à l'inflexible Christopher (93 ans). Ce dernier, pour l'amour duquel Tolkien avait écrit nombre de ses textes, s'était toujours montré méfiant envers Hollywood. Or, à en croire Michael Drout, Adam est beaucoup plus perméable aux sirènes du divertissement : « *Il y aura sans doute un jour un parc d'attractions "Lord of the Rings", probablement en Nouvelle-Zélande. Et il y aura de nouveaux films. Tout simplement parce que l'industrie de l'*entertainment *ne va pas laisser dormir autant d'argent potentiel... De toute façon, Tolkien ne sera jamais dépassé. Bientôt, il sera lu comme on lit Dickens aujourd'hui.* » « Le seigneur des anneaux », un livre pour les gouverner tous ? ■

POUR COMPRENDRE J.R.R. TOLKIEN

Trois « faits fondamentaux » de la vie de l'écrivain offrent un éclairage unique sur son œuvre et constituent trois portes d'entrée privilégiées en Terre du Milieu.

Par Phalène de La Valette et Mathilde Cesbron

« *Je tiens fermement que retracer la vie d'un écrivain est une manière fausse et entièrement vaine d'approcher son œuvre.* » L'avertissement est de Tolkien et a de quoi effrayer quiconque tenterait de se lancer dans un portrait ou une lecture biographique du « Seigneur des anneaux ». Ceux qui l'ont connu ont d'ailleurs témoigné de l'aversion qu'il éprouvait à l'égard du culte tardif dont il a été l'objet, et on trouve dans sa correspondance des commentaires acerbes quant aux efforts de recherche et d'interprétation de ses sources d'inspiration. Déjà en 1939, à l'occasion de sa célèbre conférence sur les contes de fées, il reprenait à son compte l'injonction de l'écrivain et traducteur britannique George Dasent : « *Nous devons nous contenter de la soupe que l'on nous présente et non chercher à voir les os du bœuf avec lesquels elle a été préparée.* » « *Par "la soupe"*, précise Tolkien, *j'entends le conte tel qu'il est servi par son auteur ou son narrateur, et par les "os", ses sources ou matériaux, même quand, par un rare bonheur, ceux-ci peuvent être découverts avec certitude.* » Autrement dit, nous enjoint-il en creux, tenez-vous en au roman et laissez tranquille le romancier : sa vie ne regarde que lui et ne vous apprendra pas grand-chose.

Et il est vrai qu'à première vue la vie de John Ronald Reuel Tolkien semble ne rien contenir qui explique l'originalité et la richesse de son univers fictif. Elle est même plutôt banale, comme s'en amuse Tom Shippey dans « J.R.R. Tolkien, auteur du siècle » : « *Pas de relations hors mariage, pas de bizarreries sexuelles, pas de scandales, ni d'accusations étranges, ni d'engagement politique – rien, en un mot, pour faire le beurre d'un pauvre biographe.* » Certes, on trouve ici et là des événements dont on se doute qu'ils eurent un impact sur la personnalité de l'écrivain, comme sa naissance en Afrique du Sud, en 1892, suivie très rapidement d'un déménagement en Angleterre et de la mort de son père (il avait 4 ans) et de sa mère (il avait 12 ans). Il y a aussi quelques anecdotes éloquentes, comme le fait qu'il rencontra sa future femme à l'âge de 16 ans (elle en avait 19), eut l'interdiction de la voir et de lui écrire jusqu'à ses 21 ans, posta sa demande en mariage ce jour-là, apprit qu'elle s'était entre-temps fiancée et sauta dans un train pour la convaincre de l'épouser ! Mais, reconnaît son courageux (et excellent) biographe Humphrey Carpenter, une fois ces éléments rapportés, sa mobilisation dans les tranchées de 14-18 mentionnée et son élection, en 1925, à la chaire d'anglo-saxon de l'université d'Oxford racontée, on pourrait dire qu'« *il ne se passa vraiment plus rien* ». Le professeur Tolkien corrigea beaucoup de copies, voyagea peu et « *vécut une vie de banlieusard ordinaire entre ses enfants et son jardin* ».

BILL POTTER/CAMERAPRESS/GAMMA

Alors quoi, faudrait-il s'en tenir là et classer définitivement l'affaire ? Non, bien sûr, car s'il s'opposait à ce qu'on assimile son œuvre à des circonstances intimes, Tolkien ne fut en revanche jamais avare d'explications personnelles. Il détestait les parallèles frivoles ou, pire, les allégories (pas question, par exemple, de faire de ses romans une représentation de la Seconde Guerre mondiale !), mais il admettait un principe d'« applicabilité » : nos expériences et nos connaissances influent sur notre lecture des choses. On peut lire « Le seigneur des anneaux » sans rien savoir de son auteur et cela ne changera heureusement rien. Mais on peut également choisir de mieux le comprendre pour appréhender sa création sous un jour nouveau. C'est dans cet esprit qu'on s'intéressera à trois composantes essentielles de l'identité de J.R.R. Tolkien : la guerre, les langues et la religion. Trois clés d'entrée qui, sans être indispensables ni irremplaçables, offrent néanmoins un éclairage passionnant sur cette œuvre unique en son genre.

En 1972, un an avant sa mort, Tolkien se voit décerner un doctorat ès lettres honoraire par l'université d'Oxford pour sa contribution à la philologie.

TOLKIEN ESTATE - NEWLINE CINEMA/WIGNUT FILMS/DR

Guerre et paix

« Cette guerre [de l'Anneau] *possède tous les aspects de la guerre qu'a connue ma génération. Tout y est : les mouvements permanents, incompréhensibles, le silence sinistre sur le front quand "tout est fin prêt", les civils qui s'enfuient, les amitiés vivantes et vivaces, un arrière-plan qui s'apparente au désespoir et une gaieté de surface, quelques aubaines, de véritables dons du ciel, comme une cache de tabac "sauvée" des ruines. »* Pour C.S. Lewis, l'auteur du « Monde de Narnia », qui réalisa une critique du « Seigneur des anneaux » en 1955, aucun doute : la Grande Guerre rejaillit tout au long du récit de son ami Tolkien. Ce dernier a tout juste reconnu avoir développé *« un goût réel pour le conte de fées, au seuil de l'âge adulte, et c'est la guerre qui l'a aiguisé jusqu'à lui donner pleine vie »*. Mais c'est bel et bien durant 14-18 que l'écrivain posa les premières pierres de sa foisonnante mythologie. A tel point que le spécialiste John Garth lui a consacré un ouvrage : « Tolkien et la Grande Guerre ».

Comme il le démontre, le jeune Ronald commence à composer des récits fantastiques dès 1915, pour tuer l'ennui dans les camps d'entraînement et apporter un peu de réconfort à ses amis, tous étudiants à Oxford avant d'être mobilisés. Il leur envoie un poème, « Kortirion parmi les arbres », qui raconte le dépérissement des fées et dans lequel il fait résonner les premières notes d'une symphonie mélancolique, celle d'une époque qui s'éloigne peu à peu, et qui hantera son *legendarium* tout entier. La Première Guerre mondiale fut un cataclysme pour toute une génération dite « perdue », partagée entre optimisme et pessimisme, entre le désir d'un avenir meilleur et la nostalgie du passé. « Le seigneur des anneaux », notamment à travers le peuple elfique, porte en lui ce spleen d'un monde disparu et des êtres emportés, *« la tristesse d'une vie entière »*, dixit Tolkien, qui perdit au front la quasi-totalité de ses camarades. Le futur écrivain est démobilisé en 1916 en raison d'une violente fièvre attrapée dans les tranchées. Mais il a eu le temps de connaître l'enfer de la Somme, dont l'atmosphère se retrouve dans les paysages décimés du Mordor. *« Les Marais des Morts et les abords du Morannon ont*

« C'EST LA GUERRE QUI A AIGUISÉ MON GOÛT POUR LES CONTES DE FÉES. » TOLKIEN

Pendant la Première Guerre mondiale, Tolkien sert en tant qu'officier de transmissions. Il connaît l'enfer de la bataille de la Somme, dont l'atmosphère imprègne les Marais des Morts (ci-contre).

Dans les tranchées, l'auteur découvre la camaraderie et la solidarité sans faille des simples soldats britanniques, que l'on retrouve dans le personnage de Sam Gamegie.

une dette envers le nord de la France après la bataille de la Somme», admettra-t-il. Bien avant cela, la bataille la plus sanglante du conflit a aussi imprégné « La chute de Gondolin », écrit durant son séjour à l'hôpital. Les Gnomes, enfermés dans les Enfers de Fer, subissent l'oppression de Melko et de ses créatures mi-machines, mi-monstres. Cette histoire est *« la première feuille de l'arbre imposant des contes de Tolkien*, écrit John Garth. *Pour la première fois, sa mythologie devient ce qu'elle resterait : une mythologie de conflit entre le bien et le mal. »* La guerre n'a fait que renforcer l'horreur ressentie par Tolkien face aux machines, à l'industrie et, plus largement, à toute forme de domination. Après la guerre, il conclut que *« l'emploi le moins convenable pour n'importe quel homme (...) est de commander d'autres hommes »*. Ce n'est pas un hasard s'il choisit plus tard le représentant du peuple le moins belliqueux et le plus innocent pour détruire l'Anneau de pouvoir, et qu'il confie à un homme qui ne la désire pas vraiment l'autorité royale.

La Grande Guerre lui vaut aussi de découvrir la camaraderie des tranchées, où s'estompent les classes sociales. Est née chez Tolkien *« une profonde sympathie pour le tommy, le simple soldat venu des comtés ruraux »*, qu'on retrouve dans le personnage de Sam Gamegie. C'est au contact de ces soldats qu'il découvre un argot qui revisite la langue anglaise, apportant une signification nouvelle à des mots oubliés. *« L'argot du soldat (...) naissait de l'ironie et du mépris envers l'intolérable*, analyse John Garth. *Le* quenya [la langue inventée par Tolkien, NDLR] *prospéra sur ce même terreau, mais pas dans le même esprit. »* Entouré de ces *« orfèvres des mots »*, Tolkien a une révélation : *« C'est au moment où la Première Guerre mondiale m'a rattrapé que j'ai découvert que les légendes dépendaient de la langue à laquelle elles se rattachent, mais de la même manière qu'une langue vivante dépend des légendes qu'elle transmet par tradition. »*

« Au commencement était le Verbe »

La passion de Tolkien pour les langues est bien connue du grand public, mais elle est souvent réduite à un jeu d'esprit inventif. Au mieux, on admire le perfectionnisme de l'écrivain, si soucieux de donner chair à son univers fictif qu'il alla jusqu'à créer des langages parlés et écrits par ses différents peuples. Alors qu'en fait c'est l'inverse : Tolkien n'a pas inventé des langues pour son monde, il a inventé un monde pour ses langues (lui-même ne parlerait d'ailleurs pas d'invention mais de *« reconstruction »*). Le récit de l'origine du « Hobbit » en est l'illustration. Un jour d'été, alors qu'il corrigeait des copies d'examen, un drôle de mot lui vint à l'esprit. *« Un des candidats avait eu la bonté de laisser une page blanche (la meilleure chose qui puisse arriver à un examinateur) et j'ai écrit dessus : "Dans un trou vivait un Hobbit." Un nom fait toujours naître une histoire dans ma tête. Puis je pensai qu'il vaudrait mieux que je sache comment les Hobbits étaient faits. Mais ce n'était que le début. » « Mon œuvre est d'inspiration fondamentalement linguistique*, répétera-t-il par la suite. *Chez moi, le nom vient en premier, et l'histoire suit. »*

Pour comprendre cette démarche intellectuelle, il faut remonter à la jeunesse de l'auteur. La biographie établie par Humphrey Carpenter relève que le petit Ronald manifeste très tôt une appétence pour les langues (il fut initié au latin par sa mère à 4 ans !). *« Il s'intéressait autant au son et à la forme des mots qu'à leurs sens »* et les préférait même à la musique. Comme beaucoup d'enfants, il s'amuse avec sa cousine à •••

TOPFOTO/ROGER-VIOLLET - PHOTO12/MIRRORPIX

« Si vous avez à écrire une histoire compliquée, il vous faut faire une carte au début. »

PAMELA CHANDLER/TOPFOTO/ROGER-VIOLLET- THE LIFE IMAGES COLLECTION/GETTY

développer un langage secret (le « nevbosh » ou « néo-nonsens »), mais, contrairement aux autres, il ne s'en lasse pas. A l'adolescence, il va plus loin : *« S'il s'était intéressé à la musique, il aurait probablement voulu composer des mélodies. Alors, pourquoi ne pas composer un système particulier de mots qui feraient comme une symphonie personnelle ? »* Au collège, il cherche le pourquoi de l'ossature des langues et étudie leurs éléments communs. Il s'éprend de l'anglo-saxon et s'enflamme à la lecture du plus grand poème en vieil anglais, « Beowulf ». Plus tard, il tombe sur un livre élémentaire de langue gothique, ausculte les quelques fragments de texte conservés et se met non seulement à apprendre la langue, mais, en s'appuyant sur l'analyse du passé des Goths, à *« inventer des mots gothiques "supplémentaires" pour remplir les trous du vocabulaire réduit qui avait survécu »*. Déjà, on distingue les liens étroits que Tolkien, devenu philologue, établira entre langage, littérature et histoire.

Vers 20 ans, le futur écrivain, alors étudiant à Oxford, pose les bases de ce qui deviendra le *quenya*, l'ancienne langue des Elfes. Ce n'est au départ qu'un *« passe-temps de dingue »*, nourri en partie de son émerveillement pour le finnois, découvert à cette époque. Il compose quelques vers mais estime qu'il manque à ses mots un contexte. *« Il n'y a pas de langage sans un peuple pour le parler,* explique Carpenter. *Il mettait ce langage au point, maintenant il lui fallait trouver les gens dont ce serait la langue. »* Dans le « Crist », de Cynewulf, un ensemble de poèmes religieux en vieil anglais, Tolkien avait été frappé par deux phrases : *« Eala Earendel enfla beorhtast/ oser middangeard monnum sended »* (« Salut Earendel, le plus radieux des anges envoyés parmi les hommes sur la terre du milieu »). Sans qu'il sache pourquoi, le nom Earendel l'avait ému. En 1915, le voilà en train de l'associer à sa langue fictive. Cette dernière, décide-t-il, est celle des fées ou des Elfes que rencontra le mystérieux envoyé. On perçoit là encore la logique de Tolkien : si la littérature atteste l'existence d'un mot, il y a forcément une explication à son origine ; mais parfois cette explication s'est perdue et l'Histoire ne suffit plus, il faut remonter encore plus loin et explorer la légende, les contes, les mythes.

« Employé de manière littérale, le mot "fantastique" signifie "ce qui rend visible ou qui révèle les apparences" », rappelle Verlyn Flieger dans « Une lumière éclatée : logos et langage dans le monde de Tolkien ». Pour l'écrivain, les mythes ne sont donc pas des mensonges ou des affabulations mais des révélateurs : par-delà les faits, ils communiquent des vérités. C'est pour cela, explique Tom Shippey, que, *« quel que soit le degré de fantaisie dans la création de la Terre du Milieu par Tolkien, il ne croyait pas qu'elle était entièrement fabriquée. Il faisait œuvre de "reconstruction", d'harmonisation des contradictions de ses textes sources »*. *« La Terre du Milieu est notre monde »*, répondait-il ainsi à ceux qui se la figuraient comme un univers parallèle. Il ne s'agit pas de dire qu'il y a réellement eu des Orques ou des Nains, ni que les événements qu'il imagine se sont produits, mais que cette mythologie qu'il offrait à l'Angleterre •••

« LES HISTOIRES ONT ÉTÉ CONÇUES POUR PROCURER UN MONDE AUX LANGUES, PLUTÔT QUE L'INVERSE. »

« ÊTRE EMPORTÉ EN PLEINE JEUNESSE PAR 1914 N'A PAS ÉTÉ UNE EXPÉRIENCE MOINS ABOMINABLE QU'EN 1939... EN 1918, TOUS MES AMIS PROCHES, SAUF UN, ÉTAIENT MORTS. »

« JE SUIS UN CHRÉTIEN (CE QUE L'ON PEUT DÉDUIRE DE MES HISTOIRES), ET MÊME UN CATHOLIQUE ROMAIN. »

Tolkien était un illustrateur de talent. Il poussait l'art jusqu'à calligraphier en elfique (ci-contre le fronton des portes de la Moria).

personnifiait à ses yeux des vérités profondes.

Derrière cette conviction, on trouve, une fois de plus, le recours au langage tel que conçu par Tolkien et qui prend sa source dans les deux récits bibliques de la Création. L'un (la Genèse) démarre avec Dieu ordonnant que la lumière soit; l'autre (l'Evangile selon saint Jean) établit qu'*« au commencement était le Verbe »*, c'est-à-dire le mot agissant. Chez Tolkien, mot, lumière et création sont indissociables. Les mots sont en quelque sorte la lumière qui permet de voir *« au-delà de la perception humaine normale, dans une autre réalité »*. Ainsi, en « créant » sa grande histoire, le poète – car c'est ce qu'aspirait à être Tolkien, même dans sa prose – nous a fait accéder à ce que Victor Hugo appelait *« l'éternelle vérité »*. Celle qui relève du surnaturel, de la transcendance, bref, du divin.

Comme une lampe invisible

« "Le seigneur des anneaux" est bien entendu une œuvre fondamentalement religieuse et catholique; de manière inconsciente dans un premier temps, puis de manière consciente lorsque je l'ai retravaillée. » Voilà une formule qui aura fait couler beaucoup d'encre! Adressée par Tolkien à son ami le père Robert Murray, dans une lettre de 1953, elle devint l'épicentre de démêlés sans fin sur la pertinence d'une lecture chrétienne de son œuvre. *« Les non-croyants reprochent aux croyants de s'accaparer une œuvre qu'eux-mêmes apprécient, et les croyants accusent les non-croyants de délibérément occulter un aspect essentiel du livre »*, résume Jean Chausse, membre de la Tolkien Society et auteur de nombreux articles sur l'écrivain. Il faut avouer que certains ont poussé les interprétations religieuses jusqu'au ridicule, placardant la Bible et les comparaisons christiques à tout-va. Mais, a contrario, on a effectivement souvent négligé de donner sa juste place à la foi de l'auteur. Or, comme le souligne Humphrey Carpenter, *« la religion était un des aspects les plus profonds et les plus importants de sa personnalité »*.

Là encore, un court détour par l'enfance de Tolkien n'est pas inutile. Depuis la mort de leur père, en 1896, Ronald et son frère Hilary sont élevés à la campagne par leur mère, Mabel Tolkien. Tous les dimanches, ils vont à l'église anglicane du coin. Jusqu'au jour où, à la surprise générale, Mabel et sa sœur May se convertissent au catholicisme. Et provoquent la colère de leurs proches, tous protestants. Si May renonce, sous la pression de son mari, Mabel tient bon, quitte à renoncer au soutien financier des membres de sa famille. Tolkien a 8 ans et il assiste à ce qu'il considérera comme un martyre. Les tensions et les difficultés s'accumulent et contribuent à fragiliser la santé de Mabel, qui décède brutalement, en 1904, des complications d'un diabète. Aux yeux du jeune garçon, aucun doute, sa maman *« s'est tuée au travail et à la peine pour nous assurer de garder la foi »*. Dès lors, comment ne pas lui faire honneur en pratiquant et en suivant les préceptes du tuteur qu'elle avait choisi, le père Francis Morgan, de l'oratoire de Birmingham? On ne saurait, bien sûr, limiter le catholicisme de Tolkien à son caractère nostalgique: nombre de témoignages attestent la spiritualité réelle de l'auteur, qui disait tirer de l'eucharistie un bonheur sans pareil. Mais il est intéressant de noter que la religion fut à jamais associée dans son cœur à un double sentiment d'amour joyeux (celui de sa mère et de ses années de félicité bucolique) et de perte irrémédiable. Ambivalence qui fera de lui une sorte d'optimiste-pessimiste et qui trouvera une justification dans la théologie chrétienne et sa vision d'un monde déchu, abîmé par le péché originel.

« Je suis chrétien et à vrai dire catholique, écrit Tolkien en 1956, *si bien que je ne m'attends pas à ce que "l'Histoire" soit autre chose qu'une "longue défaite" – même si elle comporte quelques exemples ou aperçus de la victoire ultime. »* C'est peut-être d'abord en ce sens que « Le seigneur des anneaux » se révèle *« fondamentalement catholique »*. L'univers tolkiénien est à la fois terriblement sombre et extraordinairement lumineux. Le mal y semble omniprésent et quasi impossible à vaincre.

En 1900, Mabel Tolkien, la mère de l'écrivain (ici, le jeune Ronald, à 19 ans), se convertit au catholicisme contre l'avis de sa famille, protestante. Elle était très attachée à l'oratoire de Birmingham (ci-contre).

Chaque bataille livrée n'est au fond qu'une façon de retarder l'échéance. Sauron n'est ni le premier ni sans doute le dernier à torturer la Terre du Milieu. Alors à quoi bon se battre, s'interrogent les héros ? La réponse est suggérée dans ce passage poignant du « Retour du roi », alors que Frodon et Sam paraissent définitivement perdus au pays du Mordor : *« Là, Sam vit, pointant au milieu des nuages légers qui dominaient un sombre pic haut dans les montagnes, une étoile blanche et scintillante. Sa beauté lui poignit le cœur, tandis qu'il la contemplait dans ce pays abandonné, et l'espoir lui revint. Car, tel un trait, net et froid, la pensée le transperça qu'en fin de compte l'Ombre n'était qu'une petite chose transitoire : il y avait à jamais hors de son atteinte de la lumière et une grande beauté. »* Toute la pensée de Tolkien, *« alternance entre vision d'espérance et expérience du désespoir »*, décrit Verlyn Flieger, est contenue dans ces lignes. Malgré les turpitudes du monde, malgré les doutes et les faiblesses des hommes, il y a la conviction intime que quelque chose de plus grand veille au-dessus.

Les croyants appelleront ce quelque chose « Dieu » ; les non-croyants parleront de « hasard », « de chance » ou – c'est le cas de le dire ! – de « bonne étoile ». Mais, comme l'indique Leo Carruthers dans « Tolkien et la religion », *« rien ne s'impose dans ce domaine ; surtout, rien n'est imposé par l'auteur »*. Contrairement à son camarade C.S. Lewis, qui voulait faire du « Monde de Narnia » une allégorie chrétienne évidente, J.R.R. Tolkien a cherché à s'en éloigner au maximum. La suite de sa lettre au père Murray est à ce titre amusante. Alors même qu'il vient d'affirmer l'essence religieuse du « Seigneur des anneaux », l'écrivain explique : *« C'est pour cette raison que je n'ai pratiquement pas ajouté, ou que j'ai supprimé les références à ce qui s'approcherait d'une "religion", à des cultes et à des coutumes, dans ce monde imaginaire. »* Certes, on trouve quelques allusions, comme le fait que la Communauté quitte Fondcombe un 25 décembre et que l'Anneau soit détruit un 25 mars, date que l'Eglise associe traditionnellement à l'Annonciation et à la Crucifixion. Ou le fait que le lembas, le pain des Elfes, soutienne le corps et l'esprit à la manière du pain eucharistique. Mais, hormis ces clins d'œil si discrets que la plupart des catholiques ne les remarquent même pas, force est de constater l'absence du fait religieux dans l'œuvre de Tolkien. C'est d'autant plus paradoxal qu'un monde aussi bien construit ne saurait ignorer cette composante caractéristique des sociétés humaines. En réalité, il ne l'ignore pas ; elle est simplement *« absorbée dans l'histoire et dans le symbolisme »*.

RUE DES ARCHIVES - PHOTO12/ALAMY

LA COMMUNAUTÉ QUITTE FONDCOMBE UN 25 DÉCEMBRE.

Tolkien considère que *« le mythe et le conte de fées doivent, comme tout art, refléter et contenir en solution des éléments de vérité (ou d'erreur) d'ordre moral et religieux, mais pas explicitement, pas sous la forme connue du monde "réel", primaire »*. Il estime ainsi que la légende arthurienne manque à sa fonction mythique parce que, en multipliant les références chrétiennes, elle perd son caractère atemporel. Selon lui, l'un des rôles principaux du mythe est, comme l'expose Tom Shippey, *« de résoudre les contradictions, d'agir comme médiateur entre des choses qui semblent incompatibles »*. Pour y parvenir, il faut s'extraire du spécifique et viser l'universel. Toucher à ce qui résonne dans le cœur de tout homme, qu'il croie en Dieu ou pas. Et lui laisser la liberté de comprendre ce qu'il veut comprendre. L'auteur du « Seigneur des anneaux » n'a rien gommé de ce qu'il était au plus profond de lui, mais il l'a placé à la portée de tous. La meilleure analyse vient en fin de compte d'un lecteur non croyant, qui écrivit à Tolkien : *« On dirait qu'une sorte de foi se trouve partout sans avoir de source visible, comme une lumière projetée par une lampe invisible. »* ■

LES DEUX VERSIONS

1972
Francis Ledoux

2014
Daniel Lauzon

LA GUERRE DES TRADUCTIONS

Une nouvelle version française du « Seigneur des anneaux » a été publiée, balayant les repères des premiers lecteurs. Pour le meilleur ? **Par Jean-Luc Wachthausen**

Faut-il dire Bilbon Sacquet ou Bilbo Bessac ? Grands-Pas ou L'Arpenteur ? Fondcombe ou Fendeval ? La Communauté de l'Anneau ou la Fraternité de l'Anneau ? Entre la première traduction française du « Seigneur des anneaux », signée Francis Ledoux (1972-1973), et la nouvelle, du Québécois Daniel Lauzon (2014-2016), les noms propres ont changé et des différences notables sont apparues. De quoi provoquer une petite bataille d'Hernani entre anciens et modernes, entre les tenants du respect des traditions, auxquelles sont attachés les fans de la première heure, et les autres, novices ou pas, conquis par une approche qui semble plus fidèle à l'œuvre originale en anglais, notamment parce qu'elle s'appuie sur les indications de Tolkien à l'intention des traducteurs. Sur les sites et blogs spécialisés, en particulier le forum tolkiendil.com, les fans commentent cette minirévolution, argumentent sur le sens des noms propres, se sentent perdus ou au contraire revigorés par cette nouvelle traduction. Il y a les radicaux, les modérés, les sceptiques et les enthousiastes. « *Je m'accroche*, se plaint cette lectrice de la première heure, *même si toute la première partie est une purge. C'est tout simplement navrant. Le changement pour le changement, sans aucune justification.* » « *Mon impression générale*, renchérit un autre, *c'est que Lauzon a traduit une œuvre américaine en français du Québec et que Ledoux a traduit une œuvre anglaise en français.* » Réponse d'un partisan du remaniement : « *Les protestations d'anciens lecteurs ne me surprennent guère, mais je serais fort surpris qu'un lecteur de Lauzon découvrant Ledoux a posteriori préfère subitement la traduction de ce dernier.* » « *L'idéal serait bien un savant mélange des deux* », tente de concilier un esprit tempéré – ce qui n'est malheureusement pas possible pour des questions de droit d'auteur.

SP

TOLKIEN S'ÉTAIT INTÉRESSÉ À LA TRADUCTION DE SON ŒUVRE, PRÉCISANT L'ORIGINE DES NOMS PROPRES.

Une chose est sûre : des erreurs, des imprécisions, des contresens, des coquilles ont été relevés dans la première traduction. Par exemple, Tolkien écrit, dans le chapitre « L'intendant et le roi » (VI, 5), « *Now come the days of the King, and may they be blessed while the thrones of the Valar endure* », traduit à l'origine par : « *Maintenant viennent les jours du Roi et puissent-ils être bénis tant que dureront les trônes du Valar.* » Francis Ledoux ignorait que le mot « Valar » est un pluriel elfique (au singulier, on écrit « Vala »). « *Ledoux n'avait pas connaissance du "Silmarillion", ni des "Contes et légendes inachevés", ni des douze volumes de "L'histoire de la Terre du Milieu", qui n'étaient pas encore parus,* explique Audrey Morelle, présidente du site Tolkiendil. *Cette nouvelle traduction était bienvenue. Elle est objectivement plus proche de la version originale que la première, perçue par certains lecteurs comme une madeleine de Proust ou gravée dans leur mémoire par les films de Peter Jackson.* » Vincent Ferré, 43 ans, professeur de littérature comparée qui a supervisé la seconde traduction pour les éditions Christian Bourgois, souligne qu'il avait engagé en amont, sur Internet, une discussion avec les lecteurs. « *Ce travail d'interaction a permis d'échanger des idées et de trouver un consensus sur certains mots à partir d'un document de 40 pages. Le seul mot qui a déchaîné les passions, c'est Mirkwood, traduit par Forêt Noire chez Ledoux et devenu forêt de Grand'Peur chez Lauzon, terme plus proche, à mon avis, de l'univers tolkienien.* »

Coller aux nuances

Pour Ferré, le choix de la maison Christian Bourgois (éditeur historique de Tolkien en France) de commander à Lauzon une nouvelle traduction du « Hobbit » (rééditée en 2015 au Livre de Poche) puis du « Seigneur des anneaux » était l'aboutissement d'un long processus né en l'an 2000. « *J'avais 25 ans,* se souvient-il, *lorsque Daniel Lauzon et moi-même avons commencé à travailler à partir des éditions anglaises du 50e anniversaire du "Seigneur des anneaux", qui étaient de bien meilleure qualité que les précédentes utilisées par Francis Ledoux. A l'époque, ce grand traducteur de Dickens et de Tennessee Williams a abordé ces ouvrages comme des œuvres ignorées du public français, difficiles à identifier pour les lecteurs non familiers avec le monde de la fantasy. Un parti pris qui n'a plus lieu d'être aujourd'hui, avec l'émergence de J.K. Rowling ou de "Game of Thrones". Lauzon a essayé de mieux coller aux nuances du texte original. Tolkien avait souligné les différentes façons de parler des personnages : Frodo s'exprime comme un jeune bourgeois bien éduqué des années 1950 et Sam comme un fermier anglais. Gandalf parle avec un vocabulaire plus soutenu et Théoden comme un roi arthurien, sans compter Gollum, qui a son langage propre.* » Avant même qu'elle ne soit exportée, Tolkien s'était intéressé à la traduction de son œuvre, précisant l'origine des noms propres, notamment ceux des personnages comme Bilbo, Frodo ou Saruman, qui, indiquait-il dans son « Guide to the Names », rebaptisé plus tard « Nomenclature of the Lord of The Rings », devaient être conservés tels quels. Daniel Lauzon a suivi ces indications et consulté les annotations du « Reader's Companion », de Wayne G. Hammond et Christina Scull. Après relecture de la traduction de son prédécesseur, il a abandonné des tournures de phrases, gommant par exemple le mot « moricaud », atténuant le recours au vouvoiement ou évitant l'imparfait du subjonctif. Audrey Morelle insiste : « *Si les choix effectués sur les noms propres ont été critiqués, ils ne sont que la partie visible de l'iceberg. L'une des grandes qualités de cette seconde traduction, c'est la présence des poèmes versifiés,* …

DEUX TRADUCTEURS, DEUX NOMENCLATURES

Version Francis Ledoux	Hobbitebourg	Frodon Sacquet	Gandalf Maison Grise	Grands-Pas	Forêt Noire
Version Daniel Lauzon	Hobbiteville	Frodo Bessac	Gandalf Grismantel	L'Arpenteur	Forêt de Grand'Peur

qu'on peut chanter, ceux de Francis Ledoux étaient traduits mot à mot, sans rythmique.» Reste que, pour les aficionados de la première heure, la version originelle aurait un délicieux goût d'autrefois et dégagerait une atmosphère plus épique. Nostalgie? Question de génération? *«Les lecteurs de l'ancienne traduction se comptent en millions, ceux de la nouvelle en dizaine de milliers»*, remarque un fan. Il n'a pas tort: en 2001, on comptait environ 1 million d'exemplaires du «Seigneur des anneaux» vendus en poche. La nouvelle version est loin derrière, avec 29 000 exemplaires des trois tomes écoulés chez Pocket, mais elle n'a que quelques années d'existence et n'a pu bénéficier de l'effet d'amplification des films. *«J'ai constaté, au cours d'une cinquantaine de rencontres en dix ans, la diversité des lectorats*, plaide Vincent Ferré. *Chacun a sa vision. L'idée n'est pas de remplacer une traduction par une autre. Tolkien est devenu un auteur classique et les deux versions se complètent.»*

A condition de pouvoir encore lire la première. Stéphane Desa, directeur de collection du «Seigneur des anneaux» chez Pocket Imaginaire, indique qu'*«elle ne sera plus rééditée selon le vœu des éditions Christian Bourgois, qui souhaitent que la nouvelle version soit la référence. Je pensais réaliser une double exploitation des deux versions, mais c'est impossible aujourd'hui. Même si je pense que la nouvelle traduction est de meilleure qualité, je suis attaché à la première, comme beaucoup de lecteurs. Elle a pour elle l'ancienneté, la patine des années.»* Comme pour la première trilogie de «Star Wars», qui avait fait l'objet d'une réédition polémique (George Lucas avait «corrigé» certains éléments), on peut parier que la première traduction du «Seigneur des anneaux» continuera d'être défendue par les puristes. Pour mettre tout le monde d'accord, il y aura toujours la solution ultime: lire Tolkien en version originale. C'est, après tout, ce qu'il préconisait! ■

DANIEL LAUZON : « IL ÉTAIT POSSIBLE D'ALLER PLUS LOIN »

Le Point Pop : Que pensez-vous de la polémique provoquée par votre traduction?

Daniel Lauzon: Je m'attendais à des réactions; c'est normal pour des œuvres si connues et adulées. Ayant eu moi-même à me défaire de certaines habitudes, je savais que c'était une question de temps avant que les lecteurs s'adaptent. Maintenant que tout est publié dans une traduction cohérente, je crois que, si l'on y regarde de plus près, la plupart des changements se passent d'explication.

Tolkien conseillait de lire son œuvre en anglais. Finalement, était-ce bien utile de la traduire à nouveau?

C'est d'autant plus problématique que le français et l'anglais ne sont pas des langues de même famille, ce qui n'est pas un détail lorsqu'on s'attaque à Tolkien. Sa connaissance érudite de la langue, dans le temps et dans l'espace, fait qu'il discrimine selon d'autres critères que son goût personnel ou la mode de son temps. L'anglais moderne dans lequel il écrit ne correspond pas tout à fait à son idéal et il n'est souvent pas loin de vouloir le réinventer, ou plutôt de le corriger afin de le rapprocher de ce que, selon lui, il aurait dû être, par une sorte de révisionnisme linguistique éclairé. Ce sont des choses qui se transposent difficilement dans une autre langue, mais qui ont pu donner une orientation particulière à mon travail ou influencer mes décisions. Si le défi est grand, il n'est pas vain pour autant d'essayer. Je le vois comme une transcription musicale: comment traduire, par exemple, le langage à cordes sur un instrument à clavier? Quelles sont les possibilités techniques de votre instrument et comment allez-vous réussir à le faire chanter? Il suffit peut-être d'aimer assez les deux instruments (les deux langues) pour en découvrir les moyens d'expression, établir des rapprochements, et aussi assumer les différences irréconciliables. La barre est placée haut, car cette licence artistique, qui suppose déjà une virtuosité, s'accompagne chez Tolkien d'une grande rigueur scientifique. De nos jours, le traducteur ou l'exégète dispose d'un nombre important de publications et de travaux de recherche qu'il n'avait pas il y a une quarantaine d'années. D'où l'intérêt de faire reparaître ces titres dans une nouvelle traduction, non pas «modernisée» (ce n'était pas le but), mais plus savante.

Quel est le mot dont vous êtes le plus fier?

Il y en a tellement! C'était autant un travail de recherche que d'invention. Beaucoup proviennent d'index toponymiques ou de bases de données généalogiques, d'autres sont inventés mais dérivés le plus possible de sources historiques. Pour n'en citer qu'un seul, je retiendrai Bessac pour traduire Baggins, qui reproduit, bien sûr, le sens mais aussi la «physionomie» du nom anglais, et la prédilection de Tolkien pour les noms de Hobbits débutant par B. La première traduction (Sacquet) était parfaitement acceptable, et par la force de l'habitude tout changement semblait inimaginable. Mais c'est l'un des cas où j'ai constaté qu'il était possible d'aller un peu plus loin ■

SP/CHRISTIAN BOURGOIS ÉDITEUR

LES ORIGINES
DE L'ANNEAU
LE PLUS CONVOITÉ
DE L'HISTOIRE
Le Livre de Poche
le monde entre vos mains
J.R.R. TOLKIEN
LE HOBBIT
Le Livre de Poche
6,00 €

Monts
Montagnes bleues
Lac de Nenuial
Lune
Cul-de-Sac
Bree
Vieille forêt
La Comté
Brandevin
ERIADOR
Flots gris
Isen
Les chemin
Lefnui
GOND
TERRE DU MILIEU
à la fin
du Troisième Age
Kilomètres
100
200
300
400

ILLUSTRATION : ANTOINE DUSAULT POUR «LE POINT POP»

FRODON & SAM

FRÈRES D'ARMES

Fondée au départ sur une hiérarchie sociale, la relation entre Frodon et Sam brise les conventions et se mue en complémentarité.

Par Judikaël Hirel

Il faut imaginer les Hobbits heureux. Ce n'est qu'ainsi que l'on comprend leur façon si particulière de devenir les plus petits des grands héros ! De ceux qui changent le destin d'un monde. Pourtant, les Semi-Hommes sont certainement les plus humbles des nombreuses créatures imaginées par Tolkien. Leur seul désir est de rester attablés chez eux ou à l'auberge, à manger et boire entre amis. En paix. Vous avez dit héros ? Le mot n'apparaît en tout et pour tout que cinq fois dans la trilogie de l'Anneau, autant dans « Le Hobbit » et jamais dans « Le Silmarillion » ! En fait d'épopée grandiose, on a d'abord affaire à une chute, celle du courageux Frodon. *« C'est le portrait d'un Hobbit brisé par un fardeau de peur et d'horreur – brisé et détruit, et à la fin transformé en quelque chose de très différent »*, écrira ainsi Tolkien en 1954.

Au fond, nous sommes tous des Hobbits. C'est à travers eux que le conteur a décidé de nous faire entrer dans l'histoire, par la petite porte. Comment ne pas s'identifier à eux, quand on ne peut que rêver d'Elfes, de Nains, de magiciens ou de chevaliers ? Comme l'explique, Aurélie Brémont, auteure d'une thèse sur les inspirations celtiques dans les œuvres de Tolkien, les Hobbits sont *« une des créations les plus originales de Tolkien et jouent un très grand rôle dans la Guerre de l'Anneau, où ils introduisent une forme d'héroïsme marquée par les valeurs chrétiennes plus que par les grands modèles épiques »*. En effet, les Semi-Hommes, qui *« ne proviennent pas du terreau mythologique dont Tolkien était imprégné »*, vont jouer *« un rôle d'intermédiaire entre le lecteur moderne et le monde du légendaire »*. Ces MM. Tout-le-Monde n'ont aucune prétention ni ambition particulière, ils se contentent d'accomplir leurs tâches.
Il se trouve que l'une d'entre elles est, comme le dit Elrond, de mouvoir les rouages du monde pendant que les yeux des grands se portent ailleurs.

C'est donc à un duo de Hobbits que l'on doit d'avoir mis à bas Sauron. Qui est vraiment Frodon ? Au-delà de son identité de neveu de Bilbon, ce qui suffit à donner toute légitimité à sa présence au cœur du récit (puisque « Le seigneur des anneaux » était censé au départ être une suite du « Hobbit »), cet orphelin dont les parents se sont noyés quand il était jeune demeure mystérieux. C'est d'ailleurs l'un des rares personnages dont Tolkien n'explicite guère le nom. A peine trouve-t-on dans le « Beowulf » une référence au *« fortuné fils de Froda »*, ou Frothi, nom signifiant « le sage » en vieil anglais. Etonnant car, en fin de compte, le roman raconte avant tout son histoire, celle d'un aller sans retour, contrairement au voyage de Bilbon. Frodon a beau revenir dans sa Comté natale, il n'est plus vraiment là. Et seul Sam est en mesure de comprendre la raison de cette incapacité à regagner ses pénates.

Que serait Frodon sans Sam ? *« Mon Sam Gamegie est en fait un décalque du soldat anglais*, expliquera Tolkien, *les secondes classes et les ordonnances que j'ai connus pendant la guerre de 1914 et que je trouvais de loin supérieurs à moi-même. »* C'est un peu *« le disciple prêt à se sacrifier pour son maître »*, estime Jean Chausse, membre de la Tolkien Society et auteur de nombreux articles sur l'œuvre de l'écrivain. *« Par exemple, dans "La communauté de l'anneau", Frodon dit à Sam que, s'il l'accompagne en Mordor, il mourra. Et Sam de répondre : "Je le sais bien, monsieur Frodon, bien sûr, mais je viens avec vous." On pourrait* •••

« C'EST LE PORTRAIT D'UN HOBBIT BRISÉ PAR UN FARDEAU DE PEUR ET D'HORREUR. »
TOLKIEN

Frodon et Sam, en route pour le Mordor.

ILLUSTRATION JOHN HOWE POUR « LE POINT POP » - BCA/RUE DES ARCHIVES/EVERETT

rapprocher cette réponse de celle de Thomas dans l'Evangile selon saint Jean: "Allons et mourons avec lui." Et quand Sam se réveille après avoir suffoqué au milieu de la lave, au pied de la Montagne du Destin, il s'écrie: "Gandalf! Je vous croyais mort! Mais d'un autre côté, je me croyais mort aussi. Est-ce que toutes les choses tristes vont se révéler fausses? Qu'est-il arrivé au monde?"» Deux Hobbits l'ont sauvé, tout simplement. Frodon et Sam sont bien plus qu'un maître et son serviteur. Ce sont deux frères d'armes, deux amis prêts à donner leur vie l'un pour l'autre. Au fil de l'histoire, on perçoit peu à peu cette inversion du rapport filial qui semble exister entre les deux Hobbits. Dans son ouvrage «Les quatre amours», C.S. Lewis explique comment une quête rapproche les amis alors qu'ils concentrent leur énergie sur un intérêt commun. C'est le cas de Legolas et Gimli, de Merry et Pippin et, bien sûr, de Sam et Frodon. Leur relation dépasse rapidement la hiérarchie sociale pour se fonder sur la loyauté et l'amour. Une subordination sans exploitation brisant les conventions, comme l'explique Scott Kleinman dans son article «Service», publié dans «New Writings on Tolkien's Classic». Peu importe la classe, seul compte le respect mutuel. Il faudra que Sam croie Frodon mort pour cesser de l'appeler «monsieur» avant de reprendre sa déférence coutumière une fois son «maître» retrouvé sain et sauf!

LA CAPACITÉ DES HOBBITS À RÉSISTER AU POUVOIR DE L'ANNEAU IMPRESSIONNE.

C'est d'ailleurs là un tournant émotionnel et social majeur pour Sam, soudain seul face à ses propres choix. *«Une nouvelle force grandit en lui.»* Une force qui, avec la fiole de lumière donnée par Galadriel, fait de lui un terrifiant «guerrier elfe» capable de sauver son ami. En fait, plus Frodon s'affaiblit, plus Sam gagne en assurance. Alors que le premier avait au départ une attitude presque paternelle

Bilbon a donné à Frodon son épée, Dard, forgée par les Elfes. Le métal brille d'une lueur bleue à l'approche des Orques.

Tolkien, qui a combattu pendant la Première Guerre mondiale, salue la vaillance et la loyauté des simples soldats britanniques à travers le personnage de Sam.

Sam utilise la fiole de lumière offerte par Galadriel à Frodon pour repousser la cauchemardesque Arachne.

PLUS FRODON S'AFFAIBLIT, PLUS SAM GAGNE EN ASSURANCE.

vis-à-vis du second, qui semblait inconscient et puéril, in fine, il revient à Sam de veiller comme un père sur Frodon. La dégradation de l'état physique du porteur de l'Anneau s'accompagne d'un affaiblissement émotionnel. Par un raccourci temporel, Frodon passe de l'état adulte au troisième âge, amoindri et détaché du monde, tandis que Sam passe de l'immaturité de la jeunesse à l'âge adulte, assumant d'autant plus les responsabilités que Frodon n'est plus à même de le faire, prêt à aller avec lui et pour lui jusqu'au sacrifice ultime. Face à son ami à terre (« *L'espoir n'aboutit pas. Une fin vient. Nous avons peu de temps à attendre, maintenant. Nous sommes perdus dans la ruine et l'effondrement, et il n'y a aucun moyen d'y échapper* », s'exclame ce dernier après la destruction de l'Anneau), Sam tient bon parce que, « *allègre Hobbit, il n'avait pas eu besoin d'espoir, tant que le désespoir pouvait être ajourné. À présent, ils étaient parvenus au bout du rouleau. Mais il n'avait pas lâché son maître de tout le voyage, c'était la principale raison pour laquelle il était venu, et il n'allait pas le lâcher encore* ». Sam Sagace incarne une vision moderne de la théorie du courage, le courage de celui qui n'a pas besoin de la récompense d'une victoire assurée pour accomplir son devoir. Il faudra le départ définitif de Frodon pour que le jardinier parachève sa maturation et assume d'être son propre maître, de trouver sa place en tant que père… et en tant que maire !

L'échec de Frodon

Tout au long de la trilogie, la capacité des Hobbits à résister au pouvoir de séduction de l'Anneau impressionne. Comment de si petites créatures peuvent-elles se révéler plus fortes de caractère qu'un Isildur ou qu'un Boromir ? Galadriel a pu tester cette résilience lorsqu'elle tente les compagnons de l'Anneau pour évaluer leur vulnérabilité : « *Chacun avait senti qu'on lui offrait (…) quelque chose qu'il désirait ardemment : ce quelque chose était clairement représenté à son esprit, et pour l'avoir il suffisait de se détourner de la route.* » La mise à l'épreuve ne dure que quelques minutes dans le cas des autres membres de la Communauté, mais pour Frodon la pression est perpétuelle. « *Si Bilbon et Frodon peuvent résister l'un comme l'autre si longuement aux maléfices de l'Anneau,* analyse Jean Chausse, *c'est d'une part parce que la miséricorde de Bilbon pour Gollum, dès les premières minutes où il possède l'Anneau, constitue un antidote à la corruption, d'autre part parce que, en tant que Hobbits, ils désirent essentiellement le calme et la paix et non la grandeur, la gloire ou la fortune. Contrairement au Gygès de Platon, qui se sert de son anneau d'invisibilité pour prendre le pouvoir, Bilbon n'utilise le sien que pour éviter de mauvaises rencontres. Ce n'est pas un levier bien puissant pour corrompre quelqu'un !* »

Il faudra attendre l'ultime instant pour voir Frodon rendre les armes. •••

Les aventures que vivent les deux Hobbits façonnent le lien qui les unit. Au début de la saga, Frodon, conscient du poids de sa mission, a une attitude presque paternelle envers Sam (à g. les adieux de Frodon aux Havres Gris). Le cours des événements verra la relation s'inverser, Sam devenant alors la figure de soutien d'un Frodon amoindri.

Au bord des Crevasses du Destin, le Hobbit passe pour la sixième fois l'Anneau à son doigt. Mais, cette fois, il le revendique. Lui qui, à Amon Hen, déclarait *« Je veux faire maintenant ce que je dois »* dit cette fois à l'inverse : *« Je ne choisis pas maintenant de faire ce pour quoi je suis venu. Je n'accomplirai pas cet acte. »* La scène a fait couler beaucoup d'encre, tant elle est riche en émotions et en interprétations. Frodon a-t-il succombé à la tentation ou bien sa volonté a-t-elle été soumise par la puissance de l'Unique *(voir le chapitre sur l'Anneau p. 87)*? *« Beaucoup de lecteurs ont écrit à Tolkien que Frodon n'échoue pas vraiment, qu'il y a une sorte de triomphe spirituel, qu'on ne doit pas se dire qu'il a échoué. Et Tolkien leur répondait : "Mais si, il a échoué. Il échoue au dernier moment et c'est précisément de cela qu'il s'agit",* rapporte Verlyn Flieger, auteur d'"Une lumière éclatée : logos et langage dans le monde de Tolkien". *La tâche est trop lourde pour quiconque. Le lecteur est prévenu dès le départ que personne ne peut résister à l'Anneau. Gandalf le dit à Bilbon, à Frodon, tout le monde le sait. Pourtant, quand le moment fatidique arrive, il est dévastateur. On n'est pas prêt pour cet échec alors même que Tolkien nous y a préparés ! Au fond, "Le seigneur des anneaux" est un livre sur l'échec… »* Jean Chausse nuance : *« Gollum ne peut intervenir à la toute fin de la quête que grâce à une succession de bonnes actions. En ayant épargné la vie de Gollum, Frodon sans le savoir a créé les conditions permettant la destruction de l'Anneau. D'une certaine manière, il est donc bien celui qui a permis le succès de la quête ! »*

« AU FOND, "LE SEIGNEUR DES ANNEAUX" EST UN LIVRE SUR L'ÉCHEC. »
VERLYN FLIEGER

Par bonheur ou parce que, d'une certaine façon, c'était écrit, les Hobbits ont donc amené la bonté au cœur du mal, faisant ainsi de leur échec final le plus grand des succès. A ce moment du « Seigneur des anneaux », on ne peut faire abstraction de la dimension religieuse sous-jacente de cette fin. *« Tolkien croyait en un monde marqué par la chute du péché originel. Un monde dans lequel on ne peut pas réussir entièrement ni pour toujours, parce que nous sommes des créatures faillibles, imparfaites,* explique Verlyn Flieger. *Il croyait aussi que, quand la catastrophe est imminente, quelque chose de totalement inattendu peut se produire et changer le cours des événements. »* Ce quelque chose, Tolkien en parlera dans une autre de ses lettres comme d'une *« grâce »* sans doute providentielle : *« En raison d'une "grâce", la trahison finale s'est produite au moment précis où ce dernier acte malfaisant était la chose la plus bénéfique que l'on pouvait faire pour Frodon. »*

Le salut du monde n'aura cependant pas empêché la déchirure du Hobbit. *« Brisé et détruit »*, nous a dit Tolkien. Malgré les honneurs qui lui sont rendus – le roi pliera le genou devant lui –, malgré la restauration de sa chère Comté, malgré l'amitié indéfectible de Sam, *« il semble ne pas pouvoir guérir, du moins pas dans ce monde »*. Le réalisme de l'écrivain, qui sait qu'on ne se remet jamais vraiment des horreurs de la guerre, exclut un « happy end ». Frodon en fera le constat, sans amertume, confiant à son frère d'armes : *« Il en va souvent ainsi, Sam, quand les choses sont en péril : quelqu'un doit y renoncer, les perdre, afin que d'autres puissent en jouir. »* ■

Merry & Pippin, à l'école de la chevalerie

Tandis que Frodon et Sam tracent leur route vers le Mordor, Meriadoc Brandebouc et Peregrin Touque cheminent vers la maturité. Certes, tous les Hobbits de la Communauté de l'Anneau sont des héros. Mais à chaque duo de Semi-Hommes son destin propre. Pris pour les porteurs de l'Anneau, Merry et Pippin ne trahissent pas leurs amis, se sacrifiant pour eux et laissant leurs kidnappeurs persévérer dans leur erreur. Ils parviennent à s'échapper grâce à l'intervention des Rohirrim et à leur propre débrouillardise et font une rencontre décisive, celle de Sylvebarbe, qui leur permet de s'abreuver aux sources des Ents. Puis, Merry rejoignant les cavaliers du Rohan et Pippin les soldats du Gondor, l'un et l'autre font l'apprentissage de la grandeur. Les deux cousins constituent en quelque sorte un pont entre le monde moderne et le mythe du chevalier, cher au cœur de Tolkien, passionné par l'histoire de « Sire Gauvain et le chevalier vert ». D'un côté, le conteur magnifique semble, ici aussi, faire le parallèle entre ses Hobbits et les soldats de la Première Guerre mondiale – tous ces jeunes gens qui n'avaient pas choisi de venir se battre dans la boue des tranchées, mais qui, une fois au front, se sont comportés avec un courage exemplaire. De l'autre, leur épopée, leur progression reprennent les codes de l'écuyer du temps jadis, traversant les épreuves, s'aguerrissant, poursuivant sa quête et mettant ses armes au service d'une juste cause, jusqu'à devenir un chevalier à part entière. C'est ce que feront Merry et Pippin, revenant en héros dans la Comté et la libérant, avec le consentement pacifique d'un Frodon lassé de tout combat, de l'emprise maléfique de Saroumane.

Entre humour, maladresse et amitié, le courage du duo repose aussi sur sa joie de vivre et sur sa complémentarité, chacun s'appuyant sur l'autre pour garder le cap. D'une certaine façon, les deux Hobbits semblent immunisés contre le désespoir parce qu'ils ont quitté la Comté en partant du principe que, de toute manière, le voyage se finira en désastre. S'ils ignoraient l'ampleur de la mission à laquelle ils s'engageaient, ils n'étaient pas non plus naïfs, n'en déplaise à l'image qu'on s'en fait parfois via les films de Jackson. Les circonstances les font très vite se révéler à eux-mêmes comme aux yeux des autres. « Ils ont choisi leur destin, souligne Jean Chausse. Lors du conseil d'Elrond, ils exigent de partir et d'accompagner Frodo alors qu'ils savent déjà en partie ce qu'ils auront à affronter. » Après tout, n'ont-ils pas déjà rencontré les Cavaliers Noirs au Mont Venteux et au Gué de Bruinen ? De même, rien n'obligeait Merry à partir au combat avec l'armée de Théoden ou Pippin à se porter volontaire pour devenir garde de la Tour Blanche. D'ailleurs, a contrario, dans « Le seigneur des anneaux », un Hobbit reste bel et bien en arrière alors qu'il aurait pu prendre part à l'aventure : Fredegar Bolger, un ami de Frodon, préfère finalement s'abstenir de quitter la Comté. Preuve que l'héroïsme est avant tout une question de choix ■ J. H.

COLLECTION CHRISTOPHEL

Pippin et Merry conjuguent un duo qui mêle amitié, humour, maladresse et grand courage.

LA COMTÉ, IDÉAL VERDOYANT

La Comté était-elle dans l'esprit de Tolkien une Angleterre idéale ? *« Clairement oui,* estime Jean Chausse, membre éminent de la Tolkien Society. *Et même plus précisément le Yorkshire d'avant la révolution industrielle. Tolkien a été clair là-dessus ! »* Certains pensent d'ailleurs que la terre des Hobbits existe encore, quelque part au fin fond de la campagne anglaise, où Tolkien voyait ses origines. Dans une lettre à ses éditeurs, Tolkien précisait que la Comté était *« plus ou moins un village du Warwickshire de la période du jubilé de diamant »* (de la reine Victoria), en 1897. Ailleurs dans sa correspondance, il explique : *« Le théâtre de mon histoire est celui dans lequel nous vivons aujourd'hui, mais la période historique est imaginaire. L'essentiel des lieux se trouve là (en tout cas pour les habitants de l'Europe du Nord-Ouest) et nous semble donc naturellement familier, bien qu'un peu glorifié par l'enchantement de la distance dans le temps. »*

Et les « maisons » de Hobbits, enterrées à flanc de talus ou de colline, d'où viennent-elles ? Certains affirment que l'écrivain en aurait trouvé l'idée lors de fouilles archéologiques d'un temple romain, connu sous le nom de « colline du Nain ». On raconte également qu'il avait entendu parler d'un anneau d'or gravé d'une inscription retrouvé dans un champ du Hampshire, en 1785, associé à une tablette romaine découverte à la colline du Nain. Un an plus tard, il commençait à écrire l'histoire d'un Semi-Homme et d'un mystérieux anneau. Aujourd'hui, pour visiter la Comté, il faut aller plus loin : depuis le tournage de la trilogie de Peter Jackson, c'est la Nouvelle-Zélande qui en est la terre d'accueil officielle. Le village de Hobbitebourg existe encore tel quel, au creux des collines naturelles d'une ferme de Matamata, dans la région du Waikato.

La Comté verdoyante et heureuse était avant tout une réminiscence de l'enfance de Tolkien qui, après avoir quitté l'Afrique du Sud à l'âge de 4 ans, avait découvert les paysages humides de la campagne anglaise. L'auteur disait avoir en tête le moindre détail de la carte de Sarehole, près de Birmingham : *« C'était une sorte de paradis perdu. (...) J'ai été heureux de vivre là. J'ai pris l'idée des Hobbits des gens et des*

ANDREW QUILTY/THE NEW YORK TIMES-REDUX-RÉA - ILLUSTRATION : ANTOINE DUSAULT POUR « LE POINT POP »

Pour visiter Hobbitebourg et ses maisons, direction la Nouvelle-Zélande, terre d'accueil officielle depuis le tournage de la trilogie.

enfants du village. Les Hobbits étaient ce que j'aurais aimé être mais n'ai jamais été – un peuple tout sauf militariste.» Ce paradis fut définitivement perdu après l'avènement de l'ère industrielle. Tolkien ne se remettra jamais vraiment de la disparition de son jardin d'Eden, défiguré selon lui par les routes et les usines. Le pays des Hobbits subira un sort similaire sous la coupe de Saroumane, esprit de métal et de rouages qui entend se venger de la défaite que lui ont infligée les Petites Gens. Dans «Le nettoyage de la Comté», l'un des derniers chapitres du «Seigneur des anneaux», on ne peut que mesurer les dégâts: *«Tous les châtaigniers avaient disparu. Les berges et les bordures de haies étaient défoncées. De grands camions couvraient en désordre un champ battu, où il n'y avait plus trace d'herbe. Le Chemin des Trous du Talus n'était qu'une carrière de sable et de gravier.»* Les méfaits de l'industrialisation et des techniques de production moderne. Pour Nicolas Bonnal, auteur de «Tolkien, les univers d'un magicien»: *«Ici, le capitalisme se métamorphose si l'on veut en fascisme, mais surtout en bolchevisme. Les bandits qui organisent la pénurie typique des pays communistes s'intitulent répartisseurs, tout comme à l'époque de Lénine, les* proudovnia, *commandos de redistribution, venaient voler les récoltes des paysans.»* Comme le déclare Sam, *«C'est pire que le Mordor. Bien pire, en un sens. Ça vous touche au vif; parce que c'est chez nous et qu'on s'en souvient tel que c'était avant que tout ait été ruiné.»*

Tolkien offre à ses Hobbits ce dont il n'a pas pu bénéficier: une opération de sauvegarde et de restauration. C'est avec toute la vaillance acquise au cours de leur périple que les quatre Hobbits remettent de l'ordre dans la Comté. S'ils suivent la consigne de Frodon *(«Gardez votre sang-froid, et retenez vos mains jusqu'au dernier moment possible!»),* nos héros doivent tout de même prendre les armes pour défendre leur contrée. Preuve que, malgré son pacifisme réel, l'auteur marqué par la guerre de 14-18 ne nie pas la nécessité du combat quand *«les choses en arrivent là».* Et c'est au son du cor du Rohan que Merry appelle ses compatriotes à le rejoindre en masse pour remporter la bataille de Lézeau. La reconstruction de la Comté peut commencer, pour lui rendre autant que faire se peut son visage d'antan. Là encore, les Hobbits profitent d'une aide exceptionnelle grâce au cadeau reçu par Sam en Lórien. Le jardinier parcourt son pays pour répandre autour de chaque plant un peu de la précieuse terre offerte par Galadriel. *«Ses arbres se mirent à pousser et à grandir, comme si le temps était pressé et voulait condenser en un an le travail de vingt autres.»* Et, parce que chez Tolkien une nature heureuse est une nature qui rend heureux, *«tous les enfants nés cette année-là, et ils furent nombreux, étaient beaux et en santé».* La Comté recouvre ses belles couleurs, symbole de prospérité et de sérénité. Un de ces havres qu'on aimerait pouvoir toujours préserver ■ **J. H.**

ANTOINE LORGNIER/ONLYWORLD - NEWLINE CINEMA/WINGNUT FILMS/DR

Tolkien a dessiné une Comté verdoyante et heureuse, la campagne anglaise telle qu'il l'a connue enfant.

GANDALF

ENVOYÉ SPÉCIAL

Emissaire de puissances célestes, le pilier de la Communauté de l'Anneau doit empêcher les peuples de la Terre du Milieu de sombrer dans le désespoir.

Par Mathilde Brézet

Gandalf le Blanc, Mithrandir, Tharkûn, Olórin, autant d'alias qui désignent le magicien, autant de noms qui sèment le trouble et suscitent des questions.

WINGNUT FILMS/COLLECTION CHRISTOPHEL - ILLUSTRATION : JOHN HOWE POUR «LE POINT POP»

« *Gandalf ! Si vous aviez entendu le quart de ce que j'ai entendu raconter à son sujet (et ce que j'ai entendu ne représente qu'une partie de ce qu'il y a à entendre), aucune histoire, fût-ce la plus extraordinaire, ne vous étonnerait.* » Au moment où le narrateur du « Hobbit » nous le présente, ses aventures lui valent d'être connu sous une dizaine d'alias parmi les peuples de la Terre du Milieu : Mithrandir, Tharkûn, Olórin, le Pèlerin Gris, le Cavalier Blanc, Corbeau de Tempête, le Magicien, l'Errant Gris... « *Gandalf ? Oui, c'est comme ça qu'on m'appelait autrefois. Gandalf le Gris.* » Autant dire qu'on ne connaît qu'une infime partie de son histoire, placée sous le signe du mystère... Le magicien naît très tôt sous la plume de Tolkien, peu après Bilbon lui-même – c'est le premier personnage qu'il rencontre. Et déjà ses traits se fixent : grand, grisonnant, sage, plein d'humour, fumeur de pipe, manipulateur, artificier et... insaisissable. Bilbon en fait l'expérience, comme plus tard Frodon. Gandalf l'embarque dans une aventure, et puis... s'en va. Il a affaire ailleurs. Où ? Il ne le dit pas souvent et l'on s'habitue bien vite à l'itinérance du mage. L'interroger n'est guère utile, car si d'aventure il accepte de répondre, sa réponse amène dix autres questions. « *Personne, pas même les Elfes, ne dira grand-chose des allées et venues de Gandalf quand il n'est pas là* », résume Pippin dans « Les deux tours ».

IL Y A BEAUCOUP DE TOLKIEN EN GANDALF. IL PARTAGE AVEC LUI LE GOÛT DE L'ENQUÊTE.

« *Origine de Gandalf* » : voilà ce qui était écrit sur une enveloppe retrouvée par le fils de Tolkien, Christopher. A l'intérieur, une carte postale avec la reproduction d'un tableau de Josef Maldener, « Der Berggeist », « L'esprit de la montagne ». On y voit un vieillard barbu à la barbe pointue, assis sur un rocher. Il converse avec un chamois. C'est en quelque sorte le premier portrait de Gandalf (il était affiché à l'origine au-dessus du bureau de Tolkien). Bien qu'on en sache très peu sur ce personnage en mouvement permanent, il vient très naturellement prendre sa place dans l'esprit du lecteur. Une place qui semble avoir été longuement préparée par les magiciens qui l'ont précédé dans la littérature... Au premier rang desquels l'incontournable enchanteur de la légende arthurienne, Merlin. Michael D.C. Drout, spécialiste de la fantasy anglo-saxonne et coordinateur d'une encyclopédie sur Tolkien, le confirme : « *Gandalf partage une grande connexion avec Merlin. Il est celui qui est doué des facultés magiques nécessaires pour tirer ses compagnons des mauvais pas ou pour faire avancer l'histoire. Il ressemble aussi physiquement au Merlin de la légende et, comme lui, il convoque une table ronde et met un roi sur le trône.* » Etant donné l'importance de Merlin dans l'imaginaire collectif, impossible de ne pas y penser en voyant Gandalf, mais il faut souligner que Tolkien récusait fermement toute filiation entre les deux •••

personnages, d'autant plus qu'il ne portait pas vraiment le cycle du roi Arthur dans son cœur! *« Tolkien ne méprisait pas la légende arthurienne, mais je crois qu'elle n'était pas assez anglaise à son goût,* explique Michael D.C. Drout. *Arthur est un mélange entre les cultures française et anglaise. C'est un grand mythe de la postconquête normande de l'Angleterre. Ce que Tolkien critiquait, c'est que cette légende laissait de côté la bonne vieille tradition anglaise. »* Cette tradition de la « Terre des Angles » que la conquête normande et la christianisation ont éclipsée, Tolkien veut en recréer la mémoire et la mythologie. Loin des influences romanes, il va donc puiser dans les légendes nordiques qu'il affectionne. Voilà le nom de Gandalf tiré des poèmes de « L'Edda ». L'étymologie norroise lui plaît : « Gandalf » se décompose en *gandr*, « objet enchanté », et *alfr*, « elfe ». Le dieu Odin, l'infatigable voyageur, l'errant au bâton, dont le long manteau recouvre plus de mille et une ruses, lui fournira quelques traits supplémentaires.

C'est finalement à son créateur que le mage gris ressemble sans doute le plus. *« Il y a beaucoup de Tolkien en Gandalf. Il partage avec lui le goût de l'enquête, le goût du parchemin »*, souligne Isabelle Pantin, auteure de « Tolkien et ses légendes ». On le voit particulièrement lorsqu'il part en Gondor dépouiller les archives de Minas Tirith pour identifier l'anneau de Bilbon. *« Il enquête, il furète... Mais il n'a pas la science infuse! Devant l'entrée de la Moria, il est tout à fait démuni, et c'est Merry qui le met sur la bonne voie. Tolkien fait preuve de beaucoup d'auto-ironie. »* Autre trait commun : la simplicité, et même l'anti-snobisme. *« Tolkien récusait un certain snobisme anglais qui attache beaucoup d'importance à la classe sociale,* nous indique Isabelle Pantin. *Gandalf est l'ami des Nains, des Hobbits, mais aussi de Radagast, le marginal, et de Beorn, l'ours-garou. C'est le personnage qui fraye avec tout le monde. Il a de vraies affinités avec les marginaux. »* Une qualité essentielle aux menées diplomatiques qu'il poursuit dans la Terre du Milieu... Mais dont n'a pas beaucoup profité l'acteur qui l'interprète! L'ironie de la transposition cinématographique a condamné Ian McKellen à la solitude. En effet, parmi les défis techniques rencontrés par l'équipe de Peter Jackson, la différence de taille entre Gandalf et les Petites Gens qu'il fréquente a posé un sérieux problème. Sur le tournage du « Seigneur des anneaux », les effets mécaniques de type trompe-l'œil ont suffi. Mais pour la trilogie du « Hobbit », Ian McKellen s'est retrouvé dans un splendide isolement, jouant presque toutes ses scènes de groupe à l'écart, sur fond vert. *« Pour filmer les Nains et le grand Gandalf, on ne pouvait pas être sur le même plateau. Tout ce que j'avais en guise de compagnie, c'était les treize photos des treize Nains, posées sur des tabourets,* racontera-t-il, encore marqué par l'expérience. *Faire semblant d'être avec treize autres personnes, alors qu'en réalité vous êtes tout seul, est une performance qui vous mène aux limites absolues de la technique... J'en ai pleuré. J'ai vraiment pleuré. Ensuite, j'ai dit tout haut : "Je ne suis pas devenu acteur pour ça!" Malheureusement, le microphone était allumé et tout le studio m'a entendu. »*

Ange annonciateur

Il faut dire que l'acteur sait donner de la voix. *« Vous ne passerez pas! »*: son cri de défi face au Balrog dans le film de Peter Jackson est devenue cultissime, un symbole de son éternelle opposition au mal. La seule réplique qui peut lui faire concurrence suit de peu celle-là : *« Fly, you fools! » (« Fuyez, pavres fous! »)*, dans le film. Ce sont les derniers mots de Gandalf le Gris, le dernier conseil du mage, un mélange subtil d'autorité, d'effroi et d'humour... On le cite à dessein en langue originale, car, depuis une dizaine d'années, la formule a fait couler beaucoup d'encre virtuelle. Sur les blogs et réseaux consacrés à Tolkien, un sujet se retrouve partout : *« Why does Gandalf say : "Fly you fools" ?! »*, *« La teoria de Gandalf »*, *« Di Balrog e di ali »*, *« Flieht ihr narren »*... Les commentaires et hypothèses émis par les amateurs du monde entier ont fini par se constituer en une *fan theory* (relativement)

WINGNUT FILMS/COLLECTION CHRISTOPHEL

LE CAVALIER BLANC EST LA « GRANDE FIGURE DE RESPONSABILITÉ » DE LA SAGA. IL EST LE SEUL À NE JAMAIS PERDRE ESPOIR.

« L'esprit de la montagne » (à g.), tableau de Josef Maldener, dont une reproduction se trouvait dans le bureau de Tolkien, et Odin, le plus important des dieux de la mythologie nordique (au centre), ont forgé la représentation de Gandalf (à dr.).

DR - WINGNUT FILMS/COLLECTION CHRISTOPHEL - GEORG VON ROSEN/WIKICOMMONS

cohérente et qui fait référence parmi les initiés. D'après eux, le magicien, qui ne fait rien au hasard, n'emploie pas le verbe *« fly »* au sens figuré (fuyez !), mais au sens propre (volez !). Il ferait par là allusion aux aigles, ses amis de toujours, auxquels il faudrait recourir pour se rendre en Mordor. Fantasme ? Réalité ? On sait que le magicien affectionne les énigmes, et l'amour de Tolkien pour les mots et leur sémantique invite à considérer l'idée d'un œil indulgent. L'Errant Gris, de retour sous le nom de Gandalf le Blanc, ne donnera aucune précision sur ses intentions. Le passage par la mort ne l'a pas rendu plus loquace. Que s'est-il passé pendant les onze jours où il a disaru ? Le résumé qu'il en donne lorsqu'on le retrouve dans « Les deux tours » est aussi succinct qu'intriguant : *« Je m'égarai hors de la pensée et du temps, et j'errai au loin sur des routes que je ne dirai pas. »* Dans son combat avec le Balrog, Gandalf connaît la mort, et la résurrection. Après être descendu dans les profondeurs des Enfers, le mage remonte au sommet de la montagne Celebdil et, là, il repose, nu, et contemple les astres. Nombreuses sont les interprétations données par la critique – on y a vu une résurgence du catholicisme de Tolkien. D'après Isabelle Pantin, la scène est inspirée de « Lilith », roman de George MacDonald, l'un des pionniers de la fantasy. Le narrateur y connaît une expérience mystique similaire : il est emporté dans un tourbillon, traverse les ténèbres et les rêves, et se réveille nu sur une montagne enneigée... Mais le sens de cette mort demeure obscure : pourquoi Gandalf meurt-il ? Est-ce simplement pour permettre le passage du gris au blanc ? Avait-il quelque chose à expier dans la Moria ? Isabelle Pantin reste évasive : *« Ce passage est un très beau texte de vision mystique, qui doit le rester. Il faut lui laisser son mystère ! »*

« LA FONCTION DE GANDALF, EN TANT QUE MAGE, EST CELLE D'UN "ANGELOS", UN MESSAGER. » J.R.R. TOLKIEN

De toute façon, Gandalf ne pouvait pas réellement mourir. Il est un Maia, un esprit, et un membre des Istari, les cinq sages envoyés par les Valar en Terre du Milieu. Leur rôle est expliqué dans les notes de l'écrivain que son fils et exécuteur littéraire Christopher a révélées au public. Parmi elles se trouve cette observation : *« Magicien = ange. »* Dans une lettre de 1954, Tolkien complète l'annotation en recourant à l'étymologie grecque du mot « ange », tirée du verbe ἄγγελω, qui signifie « annoncer ». *« La fonction* [de Gandalf], *en tant que mage*, écrit-il, *est celle d'un* angelos, *un messager envoyé par les Valar ou Seigneurs : assister les créatures* •••

rationnelles de la Terre du Milieu pour qu'elles résistent à Sauron, une puissance trop importante pour eux, s'ils ne sont pas aidés. » Voilà expliquées la nature de Gandalf, sa présence en Terre du Milieu et la raison de ses allées et venues. Dans un passage méconnu du « Retour du roi », c'est Gandalf lui-même, d'habitude si mystérieux, qui glose sa mission dans une adresse à l'intendant du Gondor : « *Mais je vous dirai ceci : le gouvernement d'aucun royaume ne m'appartient, pas plus celui du Gondor qu'aucun autre pays, grand ou petit. Mais toutes choses de valeur qui sont en danger dans le monde tel qu'il est à présent, voilà mon souci. Et pour ma part, je n'échouerai pas entièrement dans ma tâche (....) si quelque chose franchit cette nuit qui puisse encore croître en beauté ou porter de nouveau fleur et fruit dans les temps à venir. Car moi aussi je suis un intendant. Ne le saviez-vous pas ?* » Le mage donne une leçon à Denethor, qui se perd – comme Saroumane et comme Sauron – par amour du pouvoir. Or le pouvoir, c'est précisément ce que Gandalf refuse. Constamment, dans l'œuvre, il lui préfère son devoir. « *Tolkien a un goût personnel pour les gens qui refusent le pouvoir. Il a des vues politiques anti-impérialistes qui frisent même l'anarchisme, parfois* », souligne Isabelle Pantin. Aussi le magicien fait-il à plusieurs reprises le choix de circonscrire volontairement sa puissance. Dès le début du roman, il refuse de toucher l'Anneau ; plus tard, il s'interdira de faire usage du Palantir trouvé chez Saroumane. L'épisode est émouvant. On découvre le rêve secret de Gandalf : affronter la boule de cristal « *qui regarde au loin* » pour voir « *au-delà des vastes océans d'eau et de temps vers Tirion la Belle et voir à l'œuvre la main et la pensée inconcevables de Fëanor, alors que l'Arbre Blanc et l'Arbre d'Or étaient tous deux en fleurs !* ». Témoin des Premiers Ages, Gandalf a connu Valinor, le royaume de l'Ouest, dont l'évocation l'emplit de nostalgie. Cette nostalgie est sa tentation. Il y résistera. Car le magicien est la « grande figure de responsabilité » de la saga. Personne n'a autant conscience de l'impossibilité de la tâche et, pourtant, il est le seul à ne jamais perdre espoir. Il ne cesse de mettre en garde ses compagnons contre le danger du découragement et de les convaincre de l'utilité d'agir. « *Gandalf connaît les sentiments profonds des gens, il a la capacité de voir au-delà des contingences*, explique Michael D.C. Drout. *Il savait que Boromir représentait un danger mais il pensait aussi qu'il pouvait dépasser son vice, tout comme il savait que Gollum jouerait un rôle avant la fin.* » Reste à convaincre les autres de ce qu'il sait

– c'est sa mission. Il y parvient parfois par ses conseils, souvent par son exemple, toujours par sa joie, indéracinable, car, comme le dit Pippin, « *le rire de Gandalf, c'est le pur son de la gaieté* ». Et de l'espérance ■

TOUT AU LONG DU RÉCIT, LE MAGICIEN REFUSE LE POUVOIR ET LUI PRÉFÈRE LE DEVOIR.

NEW LINE CINEMA/WINGNUT FILMS/DR - BRIDGEMAN

A l'instar de l'archange saint Michel combattant le diable, Gandalf affrontera dans les mines de la Moria un Balrog (ici, illustré par John Howe), monstrueuse créature infernale, qui l'emportera dans sa chute.

JOHN HOWE/HARPER COLLINS

FIGURES INFERNALES

« Il y a d'ordinaire une continuité d'un âge à un autre, en particulier dans le mal », écrit Tolkien dans une lettre de 1954. Pour expliquer ce principe général, c'est le Balrog qu'il invoque, ou plutôt les Balrogs. Ces « démons de l'ancien temps » sont censés avoir été éradiqués à l'issue de la Guerre de la Grande Colère, qui clôt le Premier Age de la Terre du Milieu. Pourtant, c'est bien l'un d'entre eux que rencontre la Compagnie de l'Anneau lors d'un face-à-face mémorable qui se déroule durant le Troisième Age. Une créature gigantesque née en des temps reculés, logée dans les profondeurs et sommeillant dans l'obscurité. Les attributs du Balrog rappellent ceux de Cthulhu, le monstrueux extraterrestre qui donne son nom à la nouvelle de Howard Phillips Lovecraft parue en 1928. Mais de nombreuses notes attestent qu'avant même cette époque Tolkien avait déjà imaginé sa figure infernale qui traverse les âges.

Selon Vincent Ferré, auteur de « Tolkien : sur les rivages de la Terre du Milieu », le Balrog est une personnification de la mort, ce que révèle le geste de Gimli, « qui se couvre le visage à sa vue, comme il l'a fait devant la tombe de Balin ». Le « Fléau de Durin », du nom du roi nain qui fut sa victime, émerge des profondeurs de la Moria et emporte Gandalf, laissant la communauté dans l'angoisse. « Angoisse », c'est justement l'étymologie sindarine (une des langues elfiques inventées par Tolkien) du nom du bourreau du magicien, couplée à un terme signifiant « démon ». Gandalf l'appelle encore « Flamme d'Udûn », en référence à la vallée qui fut le lieu de la première forteresse de Morgoth, le premier Seigneur Sombre (dont Sauron fut le lieutenant). Les Balrogs ont en effet suivi ce dernier sur la voie du mal. Parce qu'il a donné naissance à l'une des scènes cultes de la trilogie de Peter Jackson, le Balrog a acquis une place particulière dans l'imaginaire collectif. Avec son allure diabolique et son corps aux contours indistincts, noyés dans les flammes, le Balrog est aussi une figure de l'apocalypse telle que l'imaginait la mythologie nordique, où des démons de feu sont à l'origine du Ragnarök (la fin du monde).

La seule créature issue des temps anciens à rivaliser avec une telle créature est Arachne, engendrée par Ungoliant, une araignée incontrôlable et insatisfaite qui pourrait ingérer le monde entier dans son ventre, dixit « Le Silmarillion ». L'antre d'Arachne est synonyme de mort inexorable. Son appétit insatiable la pousse à phagocyter tout ce qui vit à son seul profit : « Elle qui ne désirait que la mort de tous les autres, esprit et corps, et pour elle-même un excès de vie. » Arachne est un gouffre de désir dans ce qu'il a de plus absolu et de plus nocif. Sa dénomination originale, Shelob, reconduit l'archétype d'un féminin (« she ») indomptable et dévorateur, à tel point que Sauron lui-même, qui l'appelle « ma chatte », n'en est pourtant jamais le maître. Nulle alliance ne les unit, ils n'ont que « la haine en commun », indique Tolkien. A ce titre, Arachne fait partie de ces « choses mauvaises et hostiles » qu'évoque Aragorn lors du passage houleux du Caradhras : « Elles ne sont pas les alliées de Sauron et leurs buts sont personnels. Certaines étaient de ce monde bien avant lui. » Le « grand méchant » qu'affrontent nos héros n'est finalement qu'un « petit méchant » à l'échelle de l'histoire de la Terre du Milieu. Les époques ont beau se succéder, il demeure, comme le constatait Machiavel dans ses « Discours sur la première décade de Tite-Live » : « Toujours même quantité de bien, même quantité de mal [qui] ne font que parcourir les divers lieux, les diverses contrées. » Le Quatrième Age, peu développé par Tolkien, devait porter lui aussi une « nouvelle ombre », un mal non incarné, resté à l'état gazeux, comme les oripeaux d'un Balrog – dans l'attente du Jugement dernier ? ■ **JEAN-BAPTISTE JUILLARD**

ARAGORN
UN HOMME D'EXCEPTION

Plus qu'une simple couronne, c'est l'honneur de l'humanité qu'Aragorn doit sauver.

Par Mathilde Cesbron

Quand Aragorn rencontre Frodon dans la pénombre de l'auberge Le Poney Fringant, à Bree, personne ne connaît son identité ni son importance, personne, pas même l'auteur – qui décrit cette première apparition comme un «*choc*», une évidence qui se serait imposée à lui (c'est «*comme si la vérité était révélée à ce moment-là*», écrit-il dans une lettre de 1944). Au tout début, il s'appelle Trotter et n'est qu'un Hobbit «*au visage brun*». Au fil des brouillons, il deviendra finalement Grands-Pas, un Homme aux origines prestigieuses: Aragorn, fils d'Arathorn, descendant d'Isildur – celui qui a arraché l'Anneau du doigt de Sauron –, lui-même fils d'Elendil, fondateur des royaumes du Gondor et d'Arnor. Il compte parmi ses ancêtres les mythiques rois du Númenor. Du sang bleu coule donc dans ses veines, mais également du sang elfique, puisque sa lignée le rattache aussi à Eärendil, le père d'Elrond. Cette ascendance le place doublement à part et lui confère sagesse et longévité. Aragorn accède ainsi au trône du Gondor à l'âge de 90 ans et s'éteint paisiblement au bel âge de 210 ans.

Selon «La chanson de Roland», à 92 ans, le roi Arthur menait encore ses troupes avec vigueur... Comme toutes les légendaires figures médiévales (de Beowulf, dans le poème anglais éponyme, à Sigurd, dans le conte nordique «L'Edda»), Aragorn est l'incarnation du chevalier parfait qui a grandi sans connaître ses origines. Son père meurt alors qu'il n'a que 2 ans et sa mère le place sous la tutelle d'Elrond, à Fondcombe. Il ne découvre qu'à 20 ans son identité d'héritier du trône du Gondor et d'Arnor. «*Toute sa vie va alors être une quête*, explique Leo Carruthers, professeur de littérature et de civilisation anglaise du Moyen Age. *Il passe soixante-dix ans à la poursuite de son Graal qui est sa couronne. Il est l'incarnation du chevalier arthurien qui erre en luttant contre le mal.*» Ou celle d'Ulysse, qui mit plus de vingt ans à retrouver son royaume, sa femme et son fils après avoir mené de nombreux combats. «*Il cultive aussi une ressemblance avec le Simplet des contes populaires: de naissance inférieure – du point de vue des Elfes, à cause de son appartenance aux Hommes et de sa mortalité –, orphelin en bas âge, il prouve sa valeur en ne comptant que sur ses propres forces, vainc ses ennemis et gagne l'admiration de tous et la main de la fille de la princesse. Aragorn est le frère de tous les héros, de toutes les mythologies*», analyse Viara Timtcheva, auteure de l'essai «Le merveilleux et la mort dans "Le seigneur des anneaux", de J.R.R. Tolkien, "Peter Pan", ...

Le Rôdeur (ci-dessus) et le roi, deux facettes d'une même identité.

IL EST L'INCARNATION DU PARFAIT CHEVALIER.

ILLUSTRATION : JON HOWE POUR «LE POINT POP» - CHRISTOPHEL - NEW LINE CINEMA/WINGNUT FILMS/DR

« Arthur in the Gruesome Glen », de Whaite (1828-1912).

Aragorn était venu en Rôdeur sur le Chemin des Morts...

NEW LINE CINEMA/WINGNUT FILMS/DR - PETER NAHUM, THE LEICESTER GALLERIES, LONDON/BRIDGEMAN

de J.M. Barrie, et “L’histoire sans fin”, de Michael Ende ».

Celui que l’on surnomme Grands-Pas fait aussi partie des « Rôdeurs », alias les « Dúnedain du Nord », exilés de Númenor et devenus nomades. Il connaît la Terre du Milieu mieux que quiconque, pour l’avoir parcourue en tous sens. Ce qui permettra aux pauvres Hobbits déboussolés de parvenir jusqu’à Fondcombe, et au-delà. A ces qualités de pisteur s’ajoutent celles du guerrier – il n’est qu’observer l’usage qu’il fait de son épée. Brisée lorsque son propriétaire Elendil est tué par Sauron, l’arme est néanmoins conservée pour être reforgée le temps venu. De Narsil, elle est rebaptisée Andúril, la « Flamme de l’Ouest », la seule lame crainte par Sauron. L’épée d’Aragorn en rappelle d’autres, tout aussi célèbres. Gram, l’épée de Sigmund, elle aussi brisée puis reforgée par son fils, Sigurd, pour transpercer le dragon Fafnir. Mais aussi Excalibur, l’épée magique du roi Arthur, Hrunting, l’arme de Beowulf, Joyeuse, celle de Charlemagne, et bien sûr la divine Durandal de Roland. Chacune entretient un lien étroit avec son propriétaire. D’ailleurs, Viggo Mortensen, l’interprète d’Aragorn au cinéma, adorait son épée, au point de l’emporter partout, au restaurant, en voiture... Ce qui explique peut-être sa virtuosité réelle : Bob Anderson, le chorégraphe des scènes de combat, a déclaré que l’acteur avait été de loin son meilleur élève et l’a autorisé à jouer avec une véritable épée en acier, contrairement aux autres comédiens qui se contentaient de copies en aluminium ou en caoutchouc !

Parmi les moments les plus marquants de l’épopée du guerrier Aragorn, on peut retenir son aventure intrépide sur les Chemins des Morts pour rallier à sa cause les régiments fantômes qui y règnent. Le personnage y opère alors une transformation radicale : il était venu en simple Rôdeur, il en repart en roi, à la tête d’une armée. C’est en qualité de souverain qu’il exige la fidélité de ces pauvres âmes parjures dont l’esprit est condamné à l’errance. Un passage aux relents mystiques, voire christiques : *« Aragorn descend délivrer les morts, de même que Jésus va descendre aux enfers pour libérer les esprits et les emmener au paradis »*, analyse ainsi l’abbé Gaultier de Chaillé, spécialisé dans les thématiques liées à Satan. Le descendant d’Isildur est d’ailleurs d’abord un pèlerin, un homme en habits poussiéreux, qui chemine lentement vers son héritage. *« Le Christ devient roi après avoir souffert sur la croix ; Aragorn accède au trône après avoir enduré son chemin de croix parsemé de batailles* •••

... Il repart en roi à la tête d’une armée.

SPLENDEUR ET MISÈRE DE L'HUMANITÉ

Faramir (à g.), caractère de la juste mesure, et son frère Boromir, noble et brave mais qui sera tenté par l'Anneau.

« S'il se vante, je l'abaisse ; s'il s'abaisse, je le vante », écrit Pascal dans ses « Pensées » pour décrire en même temps la grandeur et la petitesse de l'être humain. Tolkien aurait pu dire de même, et le duo constitué par Boromir et Faramir en témoigne largement. A travers ces deux frères qui s'aiment et se ressemblent tout en différant grandement, l''écrivain nous montre les deux visages de l'humanité. A ses yeux, le fléau des humains, c'est l'orgueil et l'amour-propre, « plus grand de tous les flatteurs » selon La Rochefoucauld, qui motivent ou dévoient leurs actions. Tous sont tentés mais peu résistent, et c'est le plus souvent ce qui entraîne leur chute. Alain Bonet, qui a participé au « Dictionnaire Tolkien », souligne que cette thématique est centrale dans l'œuvre du professeur d'Oxford. Ainsi, lorsque celui-ci s'intéresse à un vieux poème anglais sur la bataille de Maldon, où les Vikings triomphèrent des Anglo-Saxons, il développe une interprétation insistant sur le rôle de l'orgueil démesuré du capitaine anglais Byrhtnoth dans la défaite, celui-ci étant prêt à risquer la vie de ses hommes pour la gloire. Il rédige par la suite une pièce de théâtre qui poursuit l'intrigue, « Le retour de Beorhtnoth », dans laquelle il met en scène des personnages qui meurent pour trop aimer la guerre, et ceux qui font la guerre sans l'aimer. Une dichotomie bien familière des lecteurs du « Seigneur des anneaux » !

Homme surnuméraire de la Communauté, n'ayant pas la filiation royale d'Aragorn, Boromir, dont le nom signifie « constant et fidèle », incarne par sa stature et sa fonction de capitaine général du Gondor le type chevaleresque par excellence. Noble et brave, il est le premier à courir au devant du danger et à protéger les plus faibles de toute sa force. Mais sa valeur réelle et la fierté d'appartenir au peuple du Gondor l'aveuglent au point de lui faire oublier ses faiblesses. Préjugeant de ses forces, il tente de s'emparer de l'Anneau alors même qu'il avait juré à Frodon de le protéger. Il y a, selon Vincent Ferré dans « Sur les rivages de la Terre du Milieu », un lien entre « la démesure et la mort, qui passe par la solitude » qu'illustre la fin de Boromir, laquelle rappelle celle de Roland, figure du chevalier à la fois héroïque et excessif, au col de Roncevaux, où il fut défait par les Vascons en 778. La mort héroïque du fils aîné de Denethor – immortalisé par Sean Bean au cinéma – consacre son existence de guerrier et lui vaut l'honneur d'un chant d'Aragorn accompagnant la barque où gît son corps, dans des funérailles qui rappellent celles du roi danois Scyld dans le « Beowulf ». De même que Charlemagne comprend la détresse de son neveu par le son lointain du cor, Faramir et Denethor entendent le son du cor de Boromir, qu'ils prennent pour un « présage de malheur » avant que cet objet symbolique, brisé pendant la bataille contre les Orques, ne revienne, transporté par les eaux. Comme Roland, dont le refus de battre en retraite témoignait d'une fierté excessive, bien que mise au service de la gloire de son souverain, Boromir a pris des risques inconsidérés pour racheter la faute qu'il a commise en manquant à sa parole. Cependant, cette faute, mise sur le compte d'un accès de « folie », devait témoigner pour Tolkien de la complexité des postures des personnages du « Seigneur des anneaux ». Ainsi, dans une lettre du 25 septembre 1954, il répondait aux critiques l'accusant de présenter un univers trivialement séparé entre le camp du bien et celui du mal, citant le cas ambigu de Boromir, qui rappelle la grande leçon de Soljenitsyne dans « L'archipel du Goulag » : « la ligne de partage entre le bien et le mal (...) traverse le cœur de chaque homme et de toute l'humanité ».

Face à un Boromir humain, trop humain, tiraillé par des passions indomptées, Faramir, qui, lui, résiste à la tentation de l'Anneau, serait donc le personnage de la juste mesure et de l'équilibre, qui redore le blason de l'humanité. Lorsque Sam s'en prend vertement à lui, Faramir répond posément qu'il n'abat « ni homme ni bête sans nécessité » et qu'il « ne parle pas en vain ». Frodon perçoit qu'au-delà de leurs caractéristiques physiques communes Faramir est plus réfléchi et moins guidé par l'amour-propre que son frère. Ce personnage apparu au fil de l'écriture et sans raison apparente – « il est arrivé là, marchant dans les bois de l'Ithilien », écrit Tolkien dans une lettre de 1944 – se révèle incontournable. L'écrivain confiait qu'il était celui dont il se sentait le plus proche moralement. Faramir incarnerait une posture éthique et noble, pleine de sagesse et de pondération, ce qui lui vaut l'estime d'Aragorn, qui lui accorde une place essentielle après son couronnement. Même dans son amour pour Eowyn, qui se passe des rodomontades et de l'asymétrie de la séduction médiévale, Faramir fait preuve d'une dignité trop rare. S'il ne faut pas pour autant enterrer Boromir, qui force le respect et l'empathie, la bravoure discrète de Faramir indique qu'ultimement ce sont la tempérance et la prudence qui permettent de conserver la force et la justice, vertus cardinales dont les humains ont besoin pour défaire le mal et assurer le triomphe du bien ■ **JEAN-BAPTISTE JUILLARD**

Aragorn, roi augustinien, évoque Charlemagne (ci-dessus, lors de son couronnement) tel qu'il est idéalisé dans les chansons de geste.

et d'épreuves », relève encore le père de Chaillé. Et d'expliquer que *christ*, en grec, se traduit par « l'oint du Seigneur », expression sacrée que l'on retrouve dans le nom d'Aragorn, « roi révéré ».

Christique ou pas, on est en tout cas loin de la figure royale façon « Game of Thrones ». L'écrivain George R.R. Martin estime du reste que Tolkien magnifie trop son monarque : *« Gouverner est difficile, il ne suffit pas d'être un bon roi (…). On aimerait savoir quelle est la politique de taxation d'Aragorn. Qu'a-t-il fait en temps de crue et de famine ? Et quid des Orques ? A-t-il commis un génocide ? »* Autant de questions triviales que l'auteur du « Seigneur des anneaux » évacue, préférant représenter un roi sage et paisible, dont le règne ne sera jamais évoqué en détail et dont la bonne action suffit à rendre sa terre prospère. *« C'est bien sûr un idéal,* indique Leo Carruthers. *Le roi est vu comme un représentant de Dieu sur terre, doué de qualités supérieures aux autres hommes. On est très loin de la conception moderne, post-Révolution française, de la démocratie. C'est vraiment cette idée qui prime au Moyen Age. »* Et que l'on retrouve dans la philosophie de saint Augustin, exposée dans « De civitate Dei » : le monarque est un maillon entre la terre et les cieux, berger guidant son peuple, canalisant les vicissitudes de la vie humaine. *« La présence d'Arwen au côté d'Aragorn renforce encore ce lien céleste ainsi que le rôle pastoral du couple royal »*, ajoute le « Dictionnaire Tolkien », puisqu'elle est l'Etoile du Soir (Undomiel), la lumière dans la nuit, et que lui est surnommé Estel, l'espoir. Ensemble, ils ramènent prospérité et fertilité en Terre du Milieu.

En cela, Aragorn, roi augustinien, évoque aussi Charlemagne, tel qu'il est idéalisé dans les chansons de geste. Le Carolingien, qui dépasse les 200 ans, établit son florissant empire et possède le pouvoir de guérir les malades de la peste grâce à une plante, le *sonchus* (ou laiteron). Ce don devient ensuite, selon la légende, l'apanage de tous les souverains de France et d'Angleterre, les rois thaumaturges (du grec, « qui fait des miracles »), capables de guérir les écrouelles dès leur sacre, grâce au simple toucher. *« Pût-il y avoir à Gondor des rois, comme il en fut autrefois à ce qu'on dit. Car il est dit selon l'ancienne tradition : les mains du roi sont celles d'un guérisseur. Et ainsi pouvait-on toujours connaître le roi légitime »*, s'exclame la vieille Ioreth dans « Le retour du roi ». Et c'est effectivement d'abord grâce à ses mains guérisseuses et à son usage de l'athelas, « la feuille de roi », qu'Aragorn est reconnu par son peuple. Son couronnement *« ressemble également à celui de Charlemagne qui est lui-même une imitation du couronnement de David dans l'Ancien Testament »*, écrit Michael D.C. Drout dans « J.R.R. Tolkien Encyclopedia », tandis que Mirella Vadean (« Tolkien aujourd'hui ») observe que la cérémonie gondorienne respecte un rituel historique : *« La couronne, symbole de la monarchie de la lignée royale, devait être bénie avant d'être posée sur la tête du roi de France. Soutenue par les notables, les représentants de l'administration (ducs, comtes), elle était placée sur la tête par l'évêque, responsable de la cérémonie. »* Frodon, le porteur de l'Anneau, présente la couronne à Aragorn, et Gandalf, archevêque d'un jour, la lui dépose

« ON AIMERAIT SAVOIR QUELLE EST LA POLITIQUE DE TAXATION D'ARAGORN. »
GEORGE R.R. MARTIN

A l'image d'Arthur (à g.), qui finit par récupérer sa couronne, Aragorn devient officiellement roi lors d'une cérémonie qui respecte un rituel historique.

NEW LINE CINEMA/WINGNUT FILMS/DR - CHRISTOPHER WOOD GALLERY, LONDON

sur la tête. Faramir entonne ensuite la traditionnelle acclamation *« Vive le roi! »*, et le souverain pénètre dans la ville au son des trompettes et des flûtes.

Heureux ceux qui sont morts

Monarque de droit divin, humble pèlerin, guérisseur, guerrier, sage... Aragorn avait tout pour faire un bon porteur de l'Anneau. Pourquoi n'a-t-il pas été choisi pour cette mission ? Sans doute parce que, malgré toutes ses qualités, il reste un Homme, c'est-à-dire, aux yeux de Tolkien, un être faillible. Depuis la révélation de ses origines jusqu'à son sacre s'écoulent soixante-dix années, pendant lesquelles Aragorn apprend à assumer la nature des Hommes, affaiblis par leur orgueil. Il ne veut pas reproduire les erreurs de ses ancêtres. Celle d'Isildur mais aussi celle des Númenoréens, qui, cédant à l'hubris, la démesure, ont tenté d'arracher le secret de l'immortalité aux Valar (les puissances célestes de l'univers de Tolkien). *« Aragorn sait que la faiblesse humaine qu'il porte en lui ne lui permettrait pas de porter l'Anneau. Il atteint la maturité lorsqu'il refuse l'artefact et accompagne Frodon dans sa quête. Il répare ainsi la faute d'Isildur, qui avait refusé de détruire l'objet. La déchéance de ce dernier est comparable à celle d'Adam dans la Bible »*, décrypte Leo Carruthers. *« La chute éternelle de l'humanité est toujours liée à l'orgueil,* confirme de son côté Michaël Devaux, agrégé de philosophie, auteur de nombreux ouvrages sur Tolkien. *Aragorn va devoir lutter contre cette tentation toute sa vie. C'est d'ailleurs l'une des significations de son nom, Grands-Pas, pour lui rappeler que la chute est toujours là, à chaque pas. Il doit se gendarmer tout le temps. »* Rester humble en toute circonstance, comme lorsqu'il s'agenouille devant Frodon, prêtant ainsi allégeance à une cause plus grande que lui. Pour ne pas oublier, le héros choisit de régner sous le nom d'Elessar Telcontar: Elessar, pierre des Elfes, et Telcontar, Grands-Pas en langage elfique.

Contrairement à ses aïeuls númenoréens, Aragorn accepte la mort avec sérénité. Il choisit lui-même de se laisser emporter, alors qu'il n'est ni malade ni sénile. *« Dans sa mort, on retrouve la vertu théologale de l'espérance, il est celui qui meurt en confiance, pour qui la fin n'est pas une punition »*, résume Michaël Devaux. Leo Carruthers de préciser: *« Même les Valar envient la mortalité des Hommes! Si nous ne mourions pas, nous serions à l'image des Elfes, toujours prisonniers du physique et jamais dans la spiritualité. »* Comme dans le poème « Eve », de Charles Péguy, qui proclame *« Heureux ceux qui sont morts, car ils sont retournés/ Dans ce premier terroir d'où Dieu les révoqua/Et dans ce reposoir d'où Dieu les convoqua/Heureux les grands vaincus, les rois dépossédés »*, au moment de rendre l'âme, Aragorn atteint l'harmonie parfaite, ce qui est narré dans les « Appendices »: *« Alors une grande beauté se révéla en lui, de sorte que tous qui vinrent là le contemplèrent avec émerveillement, car ils voyaient mêlées en lui la grâce de sa jeunesse, la vaillance de sa maturité, et la majesté de sa vieillesse. Et il resta longtemps étendu là, image de la splendeur des rois des Hommes dans une gloire non ternie avant le brisement du monde. »* ■

IMPÉRIAL GONDOR

Longtemps, dans « Le seigneur des anneaux », l'entrée en Gondor est différée. Le pays s'incarne en ses hommes et, souvent, en leurs préjugés. *« Nous rangeons les Hommes dans notre tradition sous l'appellation des Hommes du Haut, ou Hommes de l'Ouest* (...) *; Hommes du Milieu ou Hommes du Crépuscule* (...) *; et les Sauvages, les Hommes des Ténèbres »*, explique Faramir à Frodon. Les Hommes du Gondor sont les Hommes du Haut, quand les Rohirrim ne sont que des Hommes du Milieu... Dans la culture du Gondor, cette revendication se fonde sur des bases historiques qui nécessitent d'entrouvrir les portes du « Silmarillion ». Leurs ancêtres partirent un jour à l'ouest, de l'autre côté des mers, fonder la grande cité de Númenor. Mais elle fut détruite lorsque, par orgueil, ses habitants se révoltèrent contre les Valar (les puissances créées par le « dieu » Ilúvatar) pour leur arracher le secret de l'immortalité. Il ne revint qu'une poignée de guerriers, à la tête desquels Elendil, l'ancêtre d'Aragorn... Le Gondor est donc construit sur un orgueil atavique que vient redoubler le regret des splendeurs passées. Comme le remarque Yvan Strelzyk dans le « Dictionnaire Tolkien » : *« Cet orgueil et la perception hiérarchisée des peuples de la Terre du Milieu posent, dans l'esprit de certains lecteurs, la question d'une conception raciste de l'humanité. »* Analyse à l'appui, il écarte néanmoins fermement cette interprétation : *« Dans sa cosmogonie, cette hiérarchie reflète en fait un degré d'évolution matérielle et intellectuelle. Pour autant, Tolkien reconnaît et met en avant la valeur même des plus "primitifs" : les simples et frustes Hobbits, qui sont "une variété de petite taille de l'espèce humaine". »* C'est aux modèles historiques de la création de la Terre du Milieu que Leo Carruthers, auteur de « Tolkien et le Moyen Age », fait quant à lui appel. *« Dans "Le seigneur des anneaux", plusieurs cultures reflètent des cultures réelles, mais prises à différents moments de l'Histoire. La Comté, c'est l'Angleterre rurale de la fin du XIX*e*. Le Rohan, c'est l'Angleterre prénormande. Et le Gondor c'est un empire antique, l'Empire romain, si l'on veut. »* L'analogie peut être étendue : *« Pour le Gondor, Númenor, c'est l'équivalent du mythe de l'âge d'or qui obnubilait les Romains du I*er *siècle après J.-C. Et en même temps, c'est un paradis perdu par la faute des hommes. Les mythes chrétiens et païens se superposent. »*

« Les terres étaient riches et comprenaient de vastes cultures et de nombreux vergers, et il y avait des fermes avec des fours

ILLUSTRATION : ANTOINE DUSAULT POUR « LE POINT POP » - COLLECTION CHRISTOPHEL

Denethor, intendant du Gondor, manipulé par Sauron, est dévoré par l'orgueil et l'amour du pouvoir.

à houblon, des greniers, des bergeries, des étables et maints ruisselets coulaient en ondoyant à travers les prés.» La richesse du Gondor, c'est la plaine du Pelennor qui s'étale majestueusement au centre de la carte de la Terre du Milieu. Bordée de montagnes au nord, à l'est, et à l'ouest, sept citadelles de pierre blanche se dressent aux places stratégiques de cette terre : sur la bannière noire du Gondor, ce sont les sept étoiles de fil argenté qui entourent l'Arbre Blanc. Et entre elles, partout des routes pavées, sur lesquelles on peut distinguer trois voies de circulation à différentes vitesses – signe suprême de civilisation... Mais ces infrastructures sont le fruit d'un héritage déjà trop grand pour le peuple qui le reçoit. *« C'est une civilisation glorieuse qui a vaincu tous ses ennemis, qui a beaucoup construit, beaucoup écrit. Mais elle est aujourd'hui rétrécie sur elle-même : elle se limite presque à Minas Tirith. Elle est tout à fait décadente »*, souligne Leo Carruthers. L'un des signes indiscutables de ce déclin du Gondor est l'oliganthropie, empruntée à la décadence spartiate, qui règne aussi bien dans les champs qu'à l'intérieur de la cité. Les pérégrinations de Pippin l'amènent à une conclusion formelle : les remparts présentent moitié moins de soldats qu'ils ne pourraient en contenir. Partout les hommes manquent et, à Minas Tirith, dans la Cour de la Fontaine, l'Arbre Blanc se dessèche. Mais nul ne s'aventure pour autant à contester le pouvoir de Denethor, l'intendant.

« Le gouvernement du Gondor m'appartient, Monseigneur, et n'est à nul autre, à moins que le roi ne revienne ! » lance Denethor à Gandalf. De toute évidence, ce retour ne semble pas souhaitable. Peut-on lui en vouloir ? D'après les calculs de Leo Carruthers, neuf cent soixante et onze ans ont passé en Gondor depuis la disparition du dernier roi. Aucun Gondorien vivant n'a connu cette époque. Son souvenir a presque disparu dans la légende. Depuis, les intendants veillent sur le pays en occupant un simple siège noir au pied du trône. C'est là que Pippin jurera allégeance à Denethor, dans un geste qui rappelle celui de Merry auprès de Théoden. Selon Tom Shippey (« J.R.R. Tolkien, auteur du siècle »), la répétition d'une telle scène est l'occasion pour l'écrivain d'accentuer le contraste culturel entre les deux peuples : aussi l'intendant Denethor utilise-t-il un langage beaucoup plus formel que le roi Théoden. *« On peut clairement conclure que la scène entre Merry et Théoden donne une impression bien meilleure et beaucoup plus chaleureuse. »* Cette impression est exploitée et même glosée par le film de Peter Jackson, qui peint, au regret de certains fans, un intendant plus noir encore que celui de Tolkien. Quoi qu'il en soit, au cinéma comme dans le livre, l'orgueil domine le personnage. Il le pousse à faire usage du Palantir, la pierre qui regarde au loin – et cette audace le brise. Gandalf explique : *« Il était trop grand pour être soumis à la volonté de la Puissance Ténébreuse, mais il n'en voyait pas moins uniquement ce que cette puissance lui permettait de voir. La connaissance qu'il obtenait lui fut souvent utile, sans doute : mais la vision de la grande force du Mordor qui lui fut montrée nourrit le désespoir de son cœur au point de détruire sa raison. »* Aussi, la dernière bataille que peint Tolkien ne se déroule par tant au dehors de la citadelle qu'au dedans : autant que ses Orques, c'est le désespoir que Sauron a infusé en Denethor qui fait le siège de Minas Tirith. Cette focalisation originale permet la dénonciation du conservatisme mortifère dans lequel il s'enferme. Mais *« les fous de l'espoir »*, comme il les appelle, gagneront ce siège – l'alliance des humbles l'emporte sur les certitudes des orgueilleux. Celui qui mènera à terme la passation politique qui restaure l'intégrité du Gondor, c'est Faramir, homme de culture autant que guerrier, qui a su discipliner en lui le sentiment de sa valeur ■ **MATHILDE BRÉZET**

L'Arbre aux sept étoiles figurant sur la bannière du Gondor.

ARWEN & EOWYN

PREMIÈRES DAMES

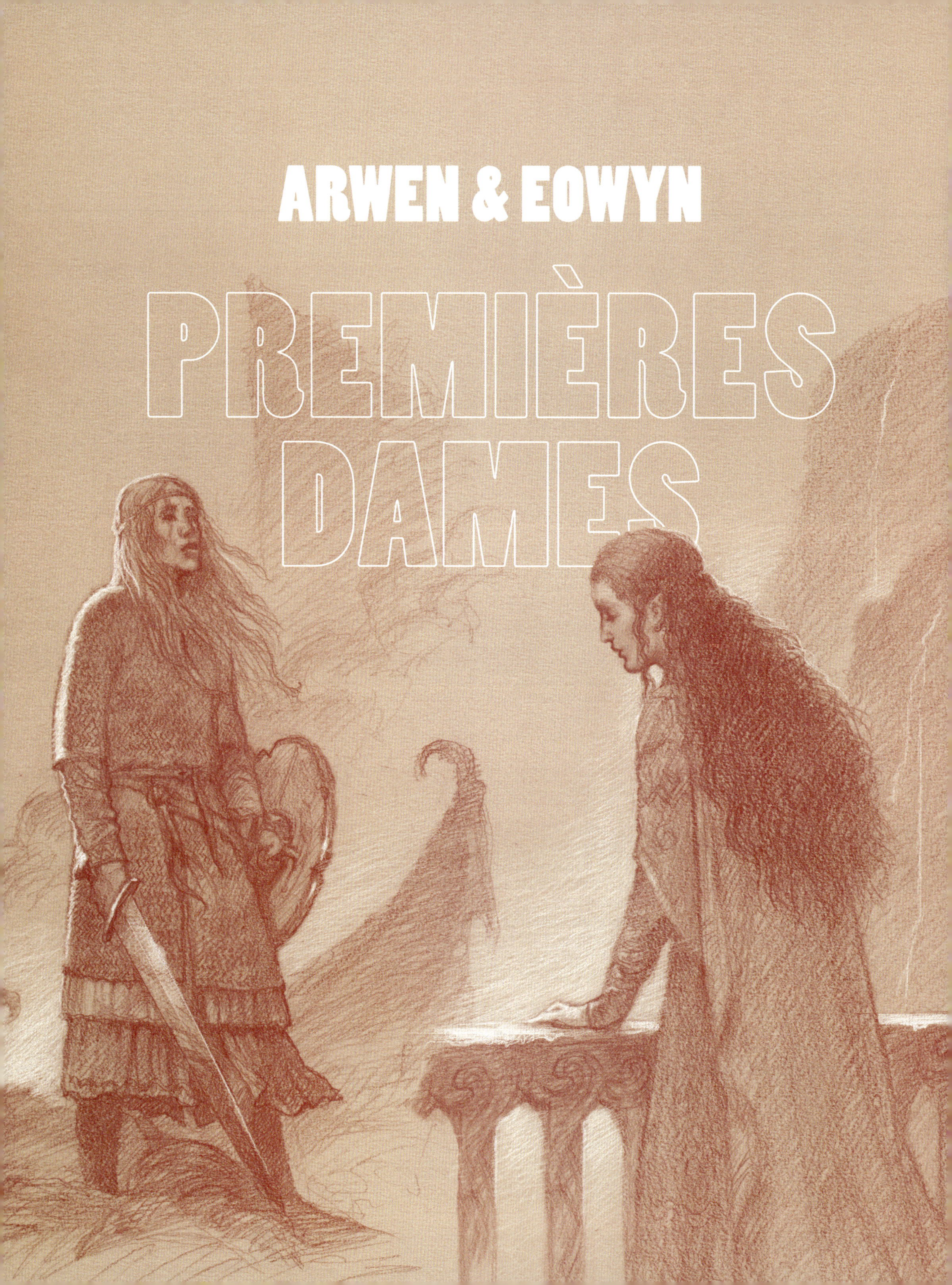

Dans son adaptation cinématographique, Peter Jackson a donné beaucoup plus de poids et de relief à Arwen, la Semi-Elfe, et à Eowyn, la Dame du Rohan. Dans le livre, Arwen, qui apparaît surtout dans les « Appendices », ne manie pas l'épée.

ILLUSTRATION : JOHN HOWE POUR « LE POINT POP » - ARCHIVES DU 7ᵉ ART/PHOTO12/NEW LINE CINEMA - BCA/RUE DES ARCHIVES/EVERETT

Le monde viril de Tolkien dessine en filigrane une figure féminine plus moderne qu'il n'y paraît. Elle influe sur la destinée de la Terre du Milieu.

Par Bibiane de Pampelonne

Où sont les femmes ? C'est l'une des critiques récurrentes adressées à Tolkien. Selon une étude statistique, 82 % de ses personnages, tous peuples confondus, sont de sexe mâle. Les femmes des Nains ? Invisibles. Celles du Gondor ? Quasi absentes. Les Ents femmes ? Volatilisées. Même chez les Hobbits, pourtant heureux en ménage, seuls quatre personnages féminins sont réellement mentionnés : la maman de Bilbon, Belladone Touque ; Primula Brandebouc, mère de Frodon, dont la mort est évoquée entre deux pintes ; Lobelia Sacquet de Besace, cleptomane qui en veut à l'argenterie de Bilbon ; et enfin Rosie Chaumine, la dulcinée de Sam. Quant aux deux grandes héroïnes du « Seigneur des anneaux », Arwen, la Semi-Elfe, et Eowyn, la Dame du Rohan, elle ne sont, techniquement, guère présentes. L'histoire de la première est reléguée aux « Appendices » et la seconde figure dans 8 chapitres sur les 65 qui composent l'œuvre. De quoi nourrir le réquisitoire des détracteurs de Tolkien, qui pointent par ailleurs ce qu'ils considèrent comme une représentation conservatrice, pour ne pas dire caricaturale de la femme. Brenda Patridge, dans « No Sex Please: We're Hobbits. The Construction of Female Sexuality in "The Lord of the Rings" », évoque ainsi une *« culture du mâle blanc »* sous-jacente. Les femmes sont sous la tutelle d'un homme : père, oncle, frère ou époux. Toujours belles et bien parées, elles paraissent figées dans l'attente d'un fiancé qui doit prouver sa valeur. Pénélope de Fondcombe, Arwen tisse des jours durant un étendard pour le futur roi du Gondor, tandis qu'Eowyn soigne avec abnégation Théoden et joue les maîtresses de maison, assistant selon la coutume au départ des hommes à la guerre. Leur destinée s'achève, bien entendu, par un mariage. Bref, elles •••

« TOLKIEN ÉCHOUE PARCE QU'IL LAISSE DE CÔTÉ LA MOITIÉ DE CE QUI FAIT LE MONDE RÉEL : LA SEXUALITÉ. »
PHILIP PULLMAN

semblent correspondre au cliché de la damoiselle, telle que dépeinte dans la littérature médiévale et dans les œuvres du mouvement préraphaélite : vierge, quasi mystique, en osmose avec la nature, pure et innocente. Un idéal bien platonique qui fait dire à des écrivains comme George R.R. Martin (« Game of Thrones ») que « Le seigneur des anneaux » manque de réalisme. « *Tolkien échoue*, nous confiait à ce sujet Philip Pullman, auteur d'"A la croisée des mondes", *parce qu'il laisse de côté la moitié de ce qui fait le monde réel : la sexualité.* » C'est un peu court, jeune homme, aurait-on envie de lui répondre. Outre le caractère vaguement anachronique d'un tel procès (Tolkien était à l'évidence un homme de son temps), il serait réducteur de s'en tenir à cette analyse. D'abord parce que, s'il est bel et bien tamisé, le sexe n'est pas totalement absent – Eowyn est par exemple un objet de désir pour Grima, qui la convoite ostensiblement –, ensuite parce que, tout en embrassant les canons esthétiques et narratifs des genres qui l'inspirent, Tolkien y introduit des variations non négligeables.

A y regarder de plus près, « Le seigneur des anneaux » va jusqu'à inverser subtilement la tendance, s'appuyant sur les figures d'Arwen et d'Eowyn pour défendre une vision de la femme plus moderne qu'il n'y paraît.

« Forte et dure comme l'acier »

« Fragilité, ton nom est femme ! » proclamait Shakespeare dans « Hamlet ». Tolkien, affirme plutôt le contraire en décrivant une Eowyn *« forte et dure comme l'acier »*. Certes, en dame éduquée, comme chez les Vikings, elle s'occupe de l'accueil des hôtes et leur sert la coupe traditionnelle. Mais elle y boit aussi, affirmant par ce geste son appartenance à la communauté des guerriers. Sa désignation comme régente du Rohan indique d'ailleurs

L'idéal féminin décrit dans la littérature médiévale ou dans les œuvres du mouvement préraphaélite (ci-dessus) : la femme est vierge, pure, éthérée, et sous la tutelle des hommes.

Eowyn se rapproche de l'image d'Athéna, déesse de la guerre, qui tire sa puissance de sa virginité, symbolisée par ses tenues immaculées.

que les guerriers reconnaissent sa valeur: *« Elle est intrépide et elle a le cœur haut placé. Elle est aimée de tous. Qu'elle soit le seigneur des Eorlingas pendant notre absence »*, demande Hama, le capitaine de la garde royale, à Théoden. Elle reçoit officiellement cette charge lors d'un cérémonial qui n'est pas sans rappeler l'adoubement chevaleresque, son oncle lui remettant une épée et un corselet, alors qu'elle est à genoux. Mais, même ainsi, Eowyn refuse qu'on l'emprisonne dans une case, dans *« une cage »*, elle revendique son indépendance et rêve d'autres *« hauts faits »*. A Aragorn, qui refuse de la laisser l'accompagner sur les Chemins des Morts, elle réplique: *« Toutes vos paroles n'ont d'autre but que de dire: vous êtes une femme et votre rôle est dans la maison. Mais quand les hommes seront morts au combat et à l'honneur, vous pourrez brûler dans la maison, car les hommes n'en auront plus besoin. Mais je suis de la maison d'Eorl et non pas une servante. Je puis monter à cheval et manier l'épée, et je ne crains ni la souffrance ni la mort. »* Des propos bien sentis qu'on qualifierait aujourd'hui volontiers de féministes!

Pour Marie Burkhardt, auteure d'une étude sur « La représentation des personnages féminins dans "Le seigneur des anneaux": de Tolkien à Jackson », Eowyn est à l'image d'Athéna, tirant sa puissance de sa virginité, symbolisée par ses tenues immaculées. C'est une Amazone exilée, une Valkyrie vêtue de mailles, bref une femme guerrière comme on en retrouve régulièrement le motif littéraire, de l'Antiquité aux sagas islandaises, telle Hervor dans « L'Edda », en passant par le poème épique « Roland furieux » de l'Arioste avec Bradamante. Pour s'imposer dans un monde dominé par les hommes, Eowyn en adopte les codes, allant jusqu'à se travestir et à dissimuler sa véritable identité pour pouvoir partir au combat avec eux. Tolkien aurait pu se contenter de cette belle figure de rébellion, mais, comme à son habitude, il entremêle d'autres motifs. Eowyn, nous indique-t-il, est une jeune fille *« non parvenue à la plénitude de la femme »*. Marie Burkhardt la compare aux héroïnes cornéliennes *« qui ne peuvent prendre le pouvoir que par l'homme qu'elles vont aimer: elles doivent alors aimer le plus grand, la gloire de l'homme rejaillissant sur elles »*. Comme une adolescente un peu immature, Eowyn croit tomber amoureuse d'Aragorn alors que c'est de son image qu'elle s'entiche, celle d'un futur roi au bras duquel elle pourrait rayonner. Contrairement aux autres héros, elle est moins motivée par la défense du bien commun que par le devoir (qu'elle assimile à un sacrifice étouffant) et la recherche d'une gloire personnelle. Quand ses avances sont rejetées par Aragorn, elle se précipite vers la mort, espérant trouver sur le champ de bataille ce qu'on lui a refusé ailleurs. Sa rédemption passe par l'acceptation et le don de soi. Lorsqu'elle se place au devant du Roi-Sorcier d'Angmar, qu'*« aucun homme vivant »* ne peut vaincre, c'est l'amour véritable qui la meut, la volonté altruiste de défendre son oncle à terre. Dans une scène qui n'est pas sans rappeler la prophétie de Macbeth (*« nul homme »* ne pouvait lui nuire), elle s'exclame, retirant le heaume qui la dissimulait: *« Je ne suis pas un homme vivant! C'est une femme que tu vois. »* Pour accomplir l'exploit dont elle rêvait tant, Eowyn a finalement dû embrasser pleinement son identité de femme. Sa convalescence dans les Maisons de Guérison participe à la révélation et à l'aboutissement de sa quête initiatique. Progressivement – chez Tolkien, rien n'est jamais automatique –, elle comprend qui elle est et achève son passage à l'âge adulte. Elle a vu les horreurs d'une guerre qu'elle n'idéalise plus et réalise la vanité de ses aspirations (*« Je ne désire plus être reine! »*). Ce qui lui permet d'accéder à la paix du cœur et de choisir sereinement Faramir. •••

Pénélope de Fondcombe, Arwen est cependant bien plus qu'une promise médiévale (à g.), dévouée à confectionner l'étendard du futur roi Aragorn. Elle est la raison d'agir de ce dernier. Leur amour est le pivot de la Guerre de l'Anneau.

SUPERSTOCK/LEEMAGE - NEW LINE CINEMA/WINGNUT FILMS/DR

Elle obtient tout ce qu'elle désirait (sa victoire sur le Nazgûl lui vaut *« une renommée qui ne sera pas oubliée »*, et son mariage avec l'Intendant du Gondor l'élève à un rang quasi royal), sans avoir dû renoncer à rien, sinon à son orgueil.

Affronter la mort

S'il est relativement facile de montrer la modernité d'Eowyn, le cas d'Arwen est plus complexe. Nos yeux de contemporains ont du mal à voir dans cette promise quelque peu effacée (hors « Appendices », elle n'apparaît qu'en filigrane, le plus souvent par d'obscures allusions) une femme accomplie. Peter Jackson n'a d'ailleurs pas résisté à l'envie de modifier le texte original pour lui attribuer au cinéma un rôle apparemment plus actif et héroïque que dans les livres. Et pourtant, sans être guerrière, Arwen n'est pas dénuée de force, soutient Laurent Alibert dans « Imaginaire médiéval et mythologique ». Telles les Valkyries donatrices de présents guerriers, elle confectionne l'étendard qui participe à la reconnaissance d'Aragorn, héritier d'Isildur, face à l'Armée des Morts. Selon Marie Burkhardt, *« la puissance magique d'Arwen passe dans le tissage de l'étendard »*, ce qui lui confère un côté mystique (on pense aux Parques, les fileuses divines maîtresses de la destinée humaine et capables d'en trancher le fil). Son pouvoir spirituel lui permet également de protéger son amant : *« Aragorn étant loin, elle veilla sur lui par la pensée »*, peut-on lire sous la plume de Tolkien. En fait, Arwen n'a pas besoin de s'agiter pour peser sur le cours des événements, elle n'a pas à prouver sa valeur, c'est à son prétendant de prouver la sienne. Plus mature (elle avait, après tout, 2700 ans lors de sa rencontre avec le jeune Aragorn, alors âgé de 20 ans !), elle sait parfaitement où est sa place et se montre même plus visionnaire que son père en la matière. Alors que l'immortalité des Elfes lui est acquise et que sa destinée de fille d'Elrond devrait la conduire à quitter la Terre du Milieu pour voguer vers les rivages bénis de Valinor (le pays des Valar), elle choisit d'unir sa vie à celle d'un mortel, comme seules l'avaient fait ses ancêtres Lúthien et Idril. *« Comme Eowyn, Arwen est prête à défier son destin, à défier la mort. Ce sont deux combattantes sous des modalités différentes »*, résume Michaël Devaux, coordinateur de l'ouvrage « J.R.R. Tolkien, l'effigie des Elfes ».

Ceux qui pensent que avec le mariage d'Arwen et d'Aragorn, Tolkien nous sert le féerique « Ils vécurent heureux et eurent beaucoup d'enfants » en sont pour leurs frais. Rien de plus triste et mélancolique en effet que le récit des derniers jours de l'épouse du roi. Outre la souffrance d'avoir quitté son père et tous les siens à jamais, Arwen doit affronter la finitude des hommes. Malgré son extraordinaire longévité, Aragorn s'éteint, la laissant à ses larmes et à la pleine réalisation du sacrifice qu'elle a fait en se donnant à lui. *« Elle avait choisi la mortalité pour être avec son bien-aimé, mais faire le choix de la mortalité, c'est accepter la solitude que la mort entraîne»*, analyse Michaël Devaux. *«Ce que nous montre Tolkien avec Arwen, c'est qu'on affronte toujours la mort seul.»* La peine et la douleur ne sont néanmoins pas la conclusion de l'histoire. Avant de la quitter, Aragorn rappelle à sa femme qu'au-delà du trépas *«il y a pour* (eux) *davantage que le souvenir»*. Comme l'explique Paul Airiau, qui s'est penché sur les relations de Tolkien avec la religion, l'écrivain livre ici un véritable *«traité littéraire de la mort et de l'espérance chrétiennes»*: Arwen doit en quelque sorte faire un acte de foi et *«accepter de perdre tout ce qu'elle a gagné pour le retrouver ultérieurement»* dans la vie éternelle promise aux croyants.

COMME EOWYN, ARWEN COMBAT LA VOLONTÉ DE SON TUTEUR. ELLE EST PRÊTE À DÉFIER SON DESTIN.

Restauration du monde

Dans «Le seigneur des anneaux», les femmes s'accomplissent à travers les hommes. Mais l'inverse est tout aussi vrai! Arwen est la cause de l'engagement d'Aragorn dans sa lutte contre Sauron, elle en est le moteur, car il doit devenir souverain du Gondor et l'emporter s'il veut l'épouser. *«La plus pure des histoires d'amour»*, disait Tolkien, est le pivot de la Guerre de l'Anneau et c'est leur mariage qui y met fin officiellement (Frodon ne rentre chez lui qu'après y avoir assisté), donnant le coup d'envoi à la restauration du monde. Une restauration à laquelle participe également Eowyn, puisqu'elle se fait guérisseuse comme les rois thaumaturges. *«Sans les femmes, il n'y a pas de salut: si l'une n'est pas là, la mission échoue, elles sont indispensables»*, insiste encore Marie Burkhardt. La volonté des femmes a influencé la destinée de toute la Terre du Milieu. En fait d'égalité ou de parité, Tolkien a préféré la complémentarité. C'est flagrant dans la chanson des Ents femmes récitée à Merry et Pippin par Sylvebarbe: les deux sexes ne gagnent *«le repos»* que lorsqu'ils cessent de poursuivre leur jouissance personnelle pour trouver *«une terre»* commune. *«Chacun apporte à l'autre un certain équilibre, le moyen de réguler ses propres pulsions»*, souligne Michaël Devaux. Sans aller jusqu'à voir dans l'œuvre une dimension féministe qu'elle n'a certes pas, on peut lui reconnaître plusieurs mérites, notamment celui de n'avoir par réduit la femme à un objet sexuel, comme tant d'autres œuvres des XXe et XXIe siècles. Quant au procès en sexisme, le mieux est de laisser la parole à Tolkien, qui, lorsqu'on lui reprochait l'absence de figures féminines, rétorquait simplement: *«De toute façon, ce n'est pas vrai.»*

Belle figure de rébellion, Eowyn représente la femme guerrière héritée de Bradamante dans le «Roland furieux», de l'Arioste (à dr.). Elle commencera par cacher son identité, avant de se dévoiler pour tuer le terrifiant Roi-Sorcier d'Angmar.

NEW LINE CINEMA/WINGNUT FILMS/DR - HENRY JUSTICE FORD/THE RED ROMANCE BOOK/UNIVERSITÉ D'ADÉLAÏDE

LE ROHAN, EN MARCHE

« Il n'y a aucune trace du Rohan, même lorsque la fraternité a déjà atteint la Moria : Tolkien ne sait pas plus que ses personnages ce qui se trouve de l'autre côté des montagnes. »* Bien peu le savent et personne ne s'en douterait, tant les Rohirrim sont devenus une figure emblématique de la Terre du Milieu. Tom Shippey l'affirme, lui qui a longtemps occupé la même chaire universitaire que Tolkien. Et Christopher Tolkien confirme : son père écrivait *« sans conception claire de ce qui était devant lui »*. Aussi, dans la première phase de conception de la « suite » du « Hobbit », le Rohan n'apparaît pas. Dans les deux suivantes non plus. Et la rédaction définitive de ce qui sera le premier tome du « Seigneur des anneaux » s'engage sans qu'aucun personnage ne provienne de ce pays, qui n'est nulle part mentionné. Enfin, en février 1939, un peuple de cavaliers apparaît dans les brouillons de Tolkien.

« Il ne vit pas une ombre, ni une tache, mais les petites formes de cavaliers nombreux, et le reflet du matin à la pointe de leurs lances ressemblait au scintillement de minuscules étoiles au-delà de la vue des mortels. » Ainsi se présentent les Rohirrim au lecteur : armés jusqu'aux dents et cependant empreints d'une poésie qui semble plonger ses racines dans l'Histoire. Pour Shippey, l'introduction des cavaliers du Rohan est *« une étape essentielle dans le développement de l'ensemble »*. Leur identité est longtemps indéterminée – tout comme leur loyauté. Alors, ce sont les mots, la langue de ce peuple qui vont être décisifs pour définir leurs traits principaux. Le philologue code dans leur nom leur essence première : tiré du gotique *roch*, le « cheval » et de l'elfique *ihr*, le « peuple », ces habitants des plaines venteuses situées au nord du Gondor seront le peuple maître des chevaux. Ainsi que le remarque Shippey, *« ils offrent à Tolkien l'occasion de puiser une fois de plus dans les sources littéraires anciennes »*.

L'écrivain reconstitue en eux la mythologie rêvée : celle de l'esprit héroïque nordique qui animait, selon lui, l'Angleterre avant la christianisation et la conquête normande. A quelques détails près. *« Tolkien ne reproduit jamais exactement. Il brouille les pistes exprès,* rappelle Leo Carruthers, professeur émérite de l'université Paris-Sorbonne. *La culture et la langue des Rohirrim sont celles des peuples anglo-saxons, mais l'image du peuple qui chevauche à travers de vastes plaines est tirée des Germains. »* La fiction permet à Tolkien de combiner un matériau historique et littéraire varié : d'abord il puise chez les Merciens, ancêtres directs des Anglais. Ensuite, pour étoffer ses guerriers, il s'inspire des figures héroïques du poème « Beowulf ». Aux Goths, il emprunte la maîtrise du cheval et de son élevage. Leur blason, un cheval blanc sur fond vert, rappelle une figure celtique située près de son bureau, à Oxford. Le tout unifié dans une langue : le vieil anglais.

ANTOINE DUSAULT POUR « LE POINT POP » - COLLECTION CHRISTOPHEL

Peuple de cavaliers inspiré des Merciens et des Goths, les Rohirrim participent avec vaillance à la bataille des Champs du Pelennor (ici illustrée par Alan Lee), avec à leur tête, notamment, Eomer.

Les Rohirrim ne doivent pas faire oublier le Rohan : cette infusion d'histoire est tenue dans une géographie minutieuse. *« Dans une histoire de ce genre, on ne peut dessiner une carte pour servir le récit, mais on doit d'abord dessiner une carte et accorder le récit avec elle »*, affirmait Tolkien. Dans la réalité, les allers-retours sont souples : il construit ses cartes au fur et à mesure de l'avancement du récit et ajuste le récit en fonction des distances portées sur les cartes. Les frontières sont pour la plupart naturelles : à l'est et à l'ouest, les fleuves Anduin et Isen ; au nord l'orée de la forêt de Fangorn et au sud la chaîne des Montagnes Blanches, sur laquelle s'allument les feux d'alarme destinés au Gondor. Une situation géographique originale qui a ses racines dans un territoire bien réel, comme le note Leo Carruthers. *« C'est une situation très comparable à celle du l'ancienne Mercie. Elle était au centre de l'Angleterre, entre les Anglo-Saxons et les Gallois, arrivés plus tôt et qui considéraient qu'ils avaient plus de droits sur la terre. Il leur fallait constamment se défendre contre ces peuples ! »* La terre du Riddermark est l'héritière des marches médiévales, zones frontalières chargées d'assurer la défense contre les territoires voisins. Aussi l'action s'éloigne-t-elle sans cesse du centre géographique du Rohan pour pousser vers les marges du territoire, et le centre est laissé vide. Le nom que les Rohirrim se donnent à eux-mêmes est celui d'Hommes de la Marche. C'est déjà une annonce de leur fonction. Le Rohan joue le rôle d'une marche frontalière pour le Gondor. Ce qui n'a rien d'un hasard puisque les hommes du Rohan ont été placés là par les intendants du Gondor, qui donnèrent la terre de Calenardhon à Eorl et à son peuple.

Leo Carruthers compare les relations entre ces deux peuples à celles qui lient les barbares et les Romains tardifs. Sous sa plume, le Rohan et le Gondor, volontairement contrastés, représentent deux états différents de civilisation. Les semi-nomades du Rohan semblent faire pâle figure auprès de leurs somptueux voisins, avec leur pays de pistes et de maisons de bois, qui offre en guise de glorieux mausolées à ses rois des tertres fleuris. Il faut pourtant écouter la jolie description qu'en donne Aragorn à ses compagnons : *« J'ai été parmi eux. Ils sont fiers et opiniâtres, mais aussi loyaux, et généreux de cœur et en action ; hardis, mais non cruels ; sages, mais ignorants, n'écrivant pas beaucoup de livres, mais chantant beaucoup de chansons à la façon des enfants des Hommes avant les Années Sombres. »* Sur le terreau de cette civilisation, de nombreuses figures romanesques vont pousser : Theoden, le roi abusé par Grima Langue de Serpent, Eomer, le capitaine exilé mais toujours fidèle, Eowyn, la vierge guerrière et exaltée. Au cœur du livre III, leur résistance héroïque est l'occasion de l'épisode guerrier le plus mythique de l'œuvre : la bataille de Fort-le-Cor, au gouffre de Helm. Contre toute attente, forçant le destin, les 2 000 Hommes de la Marche tiendront en échec les 10 000 Uruk-hai de Saroumane. Avant de se lancer dans une dernière chevauchée pour sauver Minas Tirith. Aux frontières de la création, les Rohirrim, leurs chevaux et leur courage s'engouffrent dans le récit, illustrant un héroïsme spécifiquement humain en Terre du Milieu. Voilà le vrai visage du Rohan : *« Une longue file d'hommes en cotte de mailles, rapides, reluisants, terribles et beaux à voir. »* Et un cri : *« En avant, Eorlingas ! »* ■ **MATHILDE BRÉZET**

LEGOLAS

L'AS DES AS

Souvent caricaturé, l'Elfe cache pourtant sous des airs sereins un caractère singulier et mélancolique.

Par Mathilde Cesbron

Avant, les elfes étaient de petits êtres aux oreilles pointues, souvent assimilés par le folklore à des fées ou à des lutins facétieux. Mais ça, c'était avant. Depuis, Tolkien et Legolas sont passés par là, introduisant une nouvelle imagerie, si envoûtante et si subtile qu'elle supplante définitivement toute autre représentation dans l'imaginaire populaire. Beau, sage et talentueux, l'archer de la Communauté réhabilite avec ses pairs la noblesse des Elfes (la majuscule est désormais de mise), dont l'écrivain avait fait une cause toute personnelle. *« Tolkien trouvait que leur image dans la littérature s'était dégradée depuis Shakespeare et "Le songe d'une nuit d'été", où le roi et la reine des Elfes sont un peu ridicules. Il a voulu redorer leur blason »*, explique Leo Carruthers, professeur émérite de l'université Paris-Sorbonne. Sous sa plume, les créatures légendaires se transforment en êtres majestueux au physique élancé et à l'esprit étincelant, comme un appel à l'excellence et à la perfection. *« Les Elfes représentent l'humanité sublimée*, analyse ainsi Michaël Devaux, auteur de "J.R.R. Tolkien, l'effigie des Elfes". *C'est presque une allégorie : ils incarnent tout ce qu'on est capable de faire d'éminent quand on est à notre meilleur niveau. Ils sont l'idéal que chaque homme devrait viser. »*

Reste que tant de perfection a quelque chose d'effrayant et place les Elfes sur un piédestal dont ils ont parfois du mal à descendre, au risque de devenir un sujet de méfiance pour nous autres mortels. On pense à la réaction de Boromir lorsqu'il entre dans la *« terre périlleuse »* de Lothlórien, ou à celles des participants du conseil d'Elrond qui observent avec circonspection Legolas quand il se manifeste pour la première fois. Sa singularité est d'ailleurs soulignée par Tolkien, qui le décrit comme un *« Elfe étrange, vêtu de vert et de brun »*. Car si l'auteur du « Seigneur des anneaux » entend revaloriser le peuple elfique, cela ne l'empêche pas pour autant de respecter la tradition concernant sa réputation. Comme l'explique Michael D.C. Drout, spécialisé dans la littérature anglo-saxonne et médiévale : *« Le "Beowulf" range les Elfes parmi les viles créatures. Ils sont puissants mais aussi ambigus et dangereux. Ils peuvent vous donner du pouvoir mais aussi vous faire disparaître du monde. »* Et dans le folklore celtique, *« quand une récolte était mauvaise ou qu'un enfant naissait handicapé, on disait qu'on avait offensé les Elfes*, précise Leo Carruthers. *Tolkien a grandi avec ces légendes et les a ensuite étudiées en tant que médiéviste, elles entrent donc dans sa conception des Elfes. »*

Legolas inquiète cependant moins qu'il n'intrigue. Et pour cause : on ne l'entend quasiment pas ! Les aficionados n'ont pas manqué de relever que, dans les films de Peter Jackson, Legolas n'adresse qu'une seule fois la parole à Frodon. Dans les livres, il observe une réserve similaire, n'ouvrant la bouche que lorsqu'il s'agit d'informer ses compagnons ou de répondre à leurs sollicitations. *« S'il parle, c'est pour apporter quelque chose*, commente Michaël Devaux. *Il sent davantage la complexité du monde et, étant immortel, n'a aucune raison de se presser pour l'exprimer. »* Au cinéma, ces fulgurances ont hélas été réduites à des propos légèrement caricaturaux (le fameux *« Un soleil rouge se lève, beaucoup de sang a dû couler cette nuit »*, par exemple !) qui occultent quelque peu la poésie tranquille de l'archer. Il suffit d'ailleurs de se replonger dans les pages du roman pour en prendre toute la mesure, car, s'il parle peu, Legolas chante souvent, le chant étant l'un des beaux-arts affectionnés par les Elfes. Là encore, les films ont opéré un curieux détournement : l'une des répliques d'Orlando Bloom dans « Les deux tours », *« They're taking the Hobbits to Isengard »* (« Ils emmènent les Hobbits en Isengard »), a été remixée par un fan espiègle en tube « musical » écouté des millions de fois sur YouTube et ayant fait l'objet de milliers de reprises plus imaginatives les unes que les autres. Au point que l'interprète de l'Elfe en livre lui-même sa version dans le making of de l'adaptation du « Hobbit », en guise d'adieu à son personnage !

EN QUELQUE SORTE, LES ELFES SONT L'IDÉAL QUE CHAQUE HOMME DEVRAIT VISER.

On notera au passage que le Legolas qui figure dans le premier roman de Tolkien est assez différent de celui qu'on connaîtra par la suite. Fils de Thranduil, •••

ILLUSTRATION : JOHN HOWE POUR «LE POINT POP» - COLLECTION CHRISTOPHEL

Tolkien n'aimait pas l'image que Shakespeare avait donnée des Elfes, notamment Puck, dans « Le songe d'une nuit d'été ».

souverain des Elfes sylvestres qui demeurent dans la Forêt Noire où pénètrent Bilbon et les Nains lors de leurs aventures, le blond Legolas n'est jamais présenté comme un prince dans « Le seigneur des anneaux ». « *Tolkien est un peu embarrassé, car ses Elfes ont beaucoup évolué depuis "Le Hobbit", où ils ont un côté plus sombre,* indique Charles Delattre, collaborateur du "Dictionnaire Tolkien". *Legolas lui permet de faire le lien avec "Le seigneur des anneaux", qui, selon le contrat avec son éditeur, doit être une suite cohérente avec le livre précédent. Mais il ne peut pas rappeler trop précisément ses origines non plus, car l'état d'esprit des Elfes n'est plus le même. Legolas est très différent d'Elrond et de Galadriel, ce qui en fait une créature un peu isolée. Tolkien se bat contre ces contradictions et essaie de couper les ponts.* » Quand il crée la Compagnie de l'Anneau, l'écrivain n'a du reste pas besoin d'un sang bleu supplémentaire, il a déjà Aragorn. « *Deux princes affirmés dans une même bande auraient engendré une rivalité. Aragorn incarne déjà trop bien la royauté* », ajoute Michael D.C. Drout. L'Elfe ne faisait d'ailleurs pas partie des membres de la Compagnie à l'origine. Tolkien l'a rajouté sur le tard, avec le Nain Gimli.

Etre de lumière

La singularité de l'Elfe sylvain se manifeste aussi dans son costume. Il est le seul de la compagnie à ne pas revêtir de tenue de guerrier. Même les Hobbits s'équiperont d'une épée, d'une cotte de mailles, voire d'un casque. Legolas, lui, ne porte aucune protection, si ce n'est sa tenue de camouflage brune. Tout juste se sert-il de ses minces couteaux blancs. Il préfère de loin l'arc et la flèche, qu'il manie comme personne. « *Legolas est un être de lumière, il ne peut pas avoir d'épée, car c'est une arme qui appelle au sang, à la violence. Ce serait en contradiction avec la pureté qu'il incarne,* explique Charles Delattre. *Dans la mythologie, en particulier grecque et scandinave, l'armure et l'épée véhiculent l'idée d'une force brute, tandis que l'arc et les flèches sont liés à la ruse, à l'habileté et à la sagacité.* » Avec son costume aux teintes olive, son aptitude à se fondre dans le décor et ses talents d'archer, on serait tenté de trouver à Legolas un petit air de Robin des bois, la roublardise en moins. « *Le personnage appartient effectivement à la tradition de la forêt que l'on trouve dans la littérature anglaise et chez Robin des bois* », confirme Leo Carruthers. Charles Delattre d'objecter : « *Il me fait plutôt penser à Ulysse, qui, dans "L'Odyssée", d'Homère, est un archer hors pair.* » Ou à Apollon, dieu solaire qui a fait de l'arc son arme de prédilection ? Ou même à sa jumelle Artémis, déesse de la Chasse ? Une chose est sûre, comme tous les Elfes et en particulier ceux de la forêt, Legolas vit en communion totale avec la nature. Tolkien le décrit comme « *un jeune arbre dans une nuit sans vent* ». Il entend « *pleurer les pierres* », sait interpréter les émotions des bois, écoute les murmures de la terre, peut anticiper les changements de temps... et ne subit pas la morsure du froid ou le poids de la chaleur. « *Il devient presque invisible dans la nature. Il peut courir sur une corde comme une flèche et ne s'enfonce pas dans la neige. Il est presque comme un oiseau. Son acuité visuelle rappelle celle d'un aigle. Ses sens sont démultipliés* », détaille encore Leo Carruthers. L'Elfe distingue ainsi Minas Thrith *(« un reflet blanc dans le lointain »)* à plus de 500 kilomètres de distance, ou la Montagne du Destin *(« une langue de flamme »)* à 600 kilomètres. Tolkien lui a attribué un nom fort à propos puisque Legolas signifie en *sindarin* « verte feuille », mais aussi « vue perçante ».

Au vu de ses nombreuses qualités et aptitudes, on se demande si l'écrivain n'est pas un peu injuste lorsqu'il décrète dans « Contes et légendes inachevés » que Legolas est « *probablement*

LEGOLAS A IMPOSÉ UNE NOUVELLE IMAGERIE ELFIQUE, LOIN DU FOLKLORE DES LUTINS FACÉTIEUX.

ABLEY HOUSE COLLECTION/UNIVERSITY OF MANCHESTER/BRIDGEMAN - COSTA/LEEMAGE

Legolas n'est pas sans rappeler Robin des bois (le sérieux en plus) et son alter ego mythologique Artémis, déesse de la Chasse.

celui des neuf marcheurs qui accomplit le moins». Sans ses interventions toujours à propos, que de difficultés supplémentaires auraient connues ses camarades! Il abat d'une flèche un Nazgûl, tue deux douzaines d'ennemis au Gouffre de Helm, soutient fidèlement Aragorn dans toutes ses expéditions et réconforte Gimli plus d'une fois. Il a, en outre, une utilité géopolitique, celle de représenter son peuple dans la quête de l'Anneau, d'être un témoin dans la lutte contre Sauron. Certes, les enjeux de son périple ne sont peut-être pas aussi cruciaux que ceux d'Aragorn ou des Hobbits, mais cela tient moins à sa personnalité qu'à sa nature elfique. Ainsi que le souligne Michael D.C. Drout : *«Dans "Le seigneur des anneaux", le temps des Elfes est révolu, et s'ouvre celui des Hommes. Legolas est comme un maître ancien, il sait beaucoup mais n'apprend rien de nouveau, et c'est là sa faiblesse, qui est celle de tous les Elfes. Il leur manque le désir d'explorer de nouvelles choses, d'apprendre, contrairement aux Hobbits, qui, durant toute l'aventure, grandissent, s'enrichissent et deviennent adultes.»* Il faut dire que Legolas n'a plus vraiment besoin de mûrir… Par courtoisie, ou pour renforcer le caractère énigmatique de son héros, Tolkien ne donne jamais son âge exact, mais il aurait, selon les estimations, entre 500 et 3 000 ans (2 931 d'après Orlando Bloom). L'Elfe peut donc légitimement traiter Gimli (140 ans au moment de la quête de l'Anneau) et Aragorn (environ 90 ans) d'*«enfants»*. Son rapport au temps et au monde est radicalement différent de celui de ses compagnons *(voir «Elrond et Galadriel», pages suivantes). «Son attitude est un peu détachée parce que, pour lui, la vie humaine est comme une allumette qu'on craque. Elle passe en un éclair»*, résume Michaël Devaux.

A l'image de son peuple, Legolas doit faire face aux changements, aux catastrophes, à la dégradation du monde, alors que lui ne se dégrade pas. C'est un mélancolique, au sens où Freud l'entendait, qui *«semble faire un pas de côté, ce qui lui donne l'impression d'être un objet inconnu; il fait partie du monde tout en y étant totalement étranger».* Le doux spleen de Legolas s'exprime notamment à travers ses chants, qui parlent de *«la lumière du soleil et des étoiles sur les prairies au bord du Grand Fleuve avant que le monde ne fût gris».* Comme ses pairs, il finira par quitter les rivages de la Terre du Milieu pour rejoindre les Terres Immortelles de Valinor, le paradis physique accordé aux Elfes. Là-bas, ils peuvent couler des jours heureux, attendre paisiblement que le monde s'éteigne, loin de la violence des Hommes, *«comme si, après avoir détesté un livre interminable»*, compare Verlyn Flieger dans «Une lumière éclatée», *«ils se fixaient dans leur chapitre préféré»*■

ELROND & GALADRIEL, LE PARADOXE DE L'IMMORTALITÉ

Malgré les apparences, les deux Elfes les plus puissants du « Seigneur des anneaux », Elrond et Galadriel, ne forment pas un couple – si ce n'est symbolique. Tolkien imagina un moment les unir mais s'abstint finalement, non sans offrir à ces personnages une caractérisation comparable sur bien des points. Tout d'abord, Elrond et Galadriel sont parmi les protagonistes les plus âgés de l'œuvre. Et pour cause, tous deux sont immortels. Elrond est le fils des Semi-Elfes Elwing et Eärendil, l'une des grandes figures du Premier Age de la Terre du Milieu, dont Bilbon chante l'histoire à Fondcombe dans « La communauté de l'anneau ». Pour lutter contre Morgoth (« le Noir Ennemi », dont Sauron fut le lieutenant), Eärendil part solliciter l'aide des Valar, ces entités célestes chargées de veiller sur la création. Ces derniers lui proposent alors, ainsi qu'à sa famille, de choisir s'il préfère vivre comme un Elfe à part entière – accédant ainsi à l'immortalité – ou bien comme un Homme. L'un de ses fils, Elros, choisit de partager le sort des mortels, tandis que l'autre, Elrond, opte pour une vie elfique. Il a donc autour de… 6 000 ans lorsque Frodon et ses compagnons le rencontrent dans sa demeure de Fondcombe. Galadriel, quant à elle, est l'unique Elfe présente dans « Le seigneur des anneaux » à être née en Valinor, la terre des Valar, et elle est aussi la seule représentante des Eldar (« peuple des étoiles »), la branche elfique la plus noble et la plus ancienne de la Terre du Milieu, à être encore active pendant la Guerre de l'Anneau.

Ce rapport ambigu au temps et à la mort illustré par Elrond et Galadriel est au cœur d'une dialectique complexe qui nourrit notamment le rapport entre les Hommes et les Elfes, comme l'analyse le philosophe Michaël Devaux : *« D'une certaine façon, on a offert aux Hommes l'éternité et les Elfes doivent "se contenter" de l'immortalité. Les Hommes ne sont pas tenus aux limites de ce monde et on leur donne un espoir, la promesse d'une vie spirituelle après la mort, tandis que les Elfes vivront jusqu'à la fin du monde, mais cette fin est sans espoir.* » Cette question tarauda tant le croyant qu'était Tolkien que, d'après son fils Christopher, il passa l'année précédant sa mort à lutter avec les implications théologiques de l'immortalité elfique. Comme il l'indique dans sa correspondance, cette éternité n'a apporté que tristesse aux Elfes, faisant de leur art *« une antiquité »*, et de tous leurs efforts *« une sorte d'embaumement »*. Comme les anges des « Ailes du désir », de Wim Wenders, les Elfes sont condamnés à une sorte d'existence en noir et blanc. Ainsi que le relève Jay Ruud (« Critical Companion to J.R.R. Tolkien. A Literary Reference to His Life and Work »),

NEW LINE PRODUCTIONS/ARCHIVES DU 7E ART/PHOTO12 - COLLECTION CHRISTOPHEL

MÉMOIRES VIVANTES DE LA TERRE DU MILIEU, DE PAR LEUR ÂGE ET LEUR EXPÉRIENCE, LES DEUX ELFES EN SONT AUSSI LES PROTECTEURS.

Galadriel est par ailleurs un bel exemple du syncrétisme tolkiénien, à mi-chemin entre la Vierge Marie et la Morrigan, une divinité celtique de la fertilité.

Mémoires vivantes de la Terre du Milieu, de par leur âge et leur expérience, Elrond et Galadriel en sont aussi les protecteurs. Ils ont tous deux un rapport particulier aux Anneaux de Pouvoir qui leur furent transmis. Ainsi Elrond a-t-il pu façonner à sa guise son domaine de Fondcombe grâce à Vilya, l'anneau de l'Air, le plus puissant des anneaux elfiques que Gil-galad lui a remis à la fin du Deuxième Age, tandis que Galadriel possède Nenya, l'anneau de l'Eau, qui a été forgé dans le mithril et dont elle se sert pour protéger la Lórien. Ces anneaux avaient été créés dans un but *« d'entendement, de création et de faculté de guérir, afin de conserver toutes choses sans souillure »*, explique Elrond dans « La Communauté de l'anneau ». Dans sa correspondance, Tolkien souligne le pouvoir de ces deux objets, capables de *« préserver le souvenir de la beauté d'antan, en maintenant des enclaves de paix enchantées où le temps semble suspendu et la dégradation contenue »*.

Alors que Frodon propose de lui remettre l'Anneau de Sauron, Galadriel est en proie à une terrible vision. Elle pourrait alors régner, *« belle et terrible comme le matin et la nuit ! Belle comme la mer et le soleil et la neige sur la montagne ! Terrible comme la tempête et l'éclair ! »*. Son noble refus entraîne aussi le nécessaire effacement de son peuple. Car, comme le pressent Elrond, la destruction de l'Unique aura en effet une conséquence irrémédiable sur le devenir des Elfes : *« Les trois* [anneaux] *feront défaut et beaucoup de belles choses passeront et seront oubliées. »* Que Frodon échoue ou qu'il réussisse, *« le temps des Elfes est révolu »*, ils devront quitter les rivages de la Terre du Milieu et disparaître *« rapidement parmi les pierres et les ombres »*. C'est là l'automne final et bouleversant de Fondcombe et de la Lothlórien, d'Elrond et de Galadriel ■

ROMAIN BRETHES

Galadriel (ci-dessus) invite Frodon à regarder dans les eaux d'une vasque où se reflètent « des choses qui furent, des choses qui sont et des choses qui pourront encore être ». Elrond (ci-contre) et son armée étaient présents à la bataille où Sauron fut vaincu, lors du siège de Barad-dûr.

FONDCOMBE ET LA LÓRIEN, PARADIS TERRESTRES

Les Elfes s'étaient autrefois établis dans de nombreux foyers au nord-ouest de la Terre du Milieu. Mais, à l'époque où se déroule « Le seigneur des anneaux », force est de constater que ces établissements se comptent sur les doigts d'une main. Ce qui les rend d'autant plus mémorables ! Les deux principaux, Fondcombe, la demeure d'Elrond le Semi-Elfe, et la Lórien (ou Lothlórien), le royaume gouverné par Galadriel et Celeborn, présentent quelques similitudes. Les deux domaines sont des étapes salutaires, aussi bien en ce qui concerne la quête de Frodon que pour le lecteur qui suit la trame narrative ciselée par Tolkien, ponctuée de tensions et de relâchements. L'arrivée des héros chez Elrond fait suite à l'oppressante course-poursuite des Cavaliers Noirs. Frodon, blessé, y trouve guérison et repos. Quant à la venue de la Compagnie de l'Anneau en Lórien, elle fait suite à la dramatique traversée de la Moria et à la disparition de Gandalf. C'est au cœur de ce royaume sylvestre, sous la protection de Galadriel et de Celeborn, que chacun fait son deuil du magicien et reconstitue ses forces. Dans la riche géographie de la Terre du Milieu, Fondcombe et la Lórien se présentent comme des emplacements stratégiques. La première se situe dans la vallée cachée d'Imladris (« la combe fendue » en *sindarin*), à l'ouest des Monts Brumeux et au pied des cols qui permettent à la grande route de l'Est de les franchir. D'une même façon, de l'autre côté des montagnes et idéalement située le long de la rivière Anduin, la seconde garde aussi bien les voies d'accès à la Moria, l'ancien royaume des Nains, que les hauts cols qui la reliaient jadis au royaume elfique d'Eregion, là où furent forgés les anneaux de pouvoir.

Les anneaux, et plus particulièrement les anneaux elfiques, forment un point commun supplémentaire entre Fondcombe et la Lórien. Elrond est, en effet, le porteur de Vilya, l'anneau de l'Air, et Galadriel détient Nenya, l'anneau de l'Eau. Le but des anneaux elfiques était de ralentir le cours du temps – et de préserver, d'affermir et d'embellir les demeures des Elfes en Terre du Milieu. Leur magie puissante, qui n'a pas été polluée par la malveillance de Sauron, permet également de créer une sorte de protection invisible autour de leurs domaines : à l'instar d'Elrond, qui isole Fondcombe au creux de sa vallée cachée, Galadriel *« renferme la Lothlórien dans un cercle magique »*, pour reprendre l'expression de Mirella Vadean dans le « Dictionnaire Tolkien ». Ainsi protégés, enfermés, et appartenant à *« des êtres magiques »* qui ne sont pas des rois mais qui détiennent en partie leur légitimité de la possession de ces anneaux,

ILLUSTRATION : ANTOINE DUSAULT POUR « LE POINT POP » - COLLECTION CHRISTOPHEL

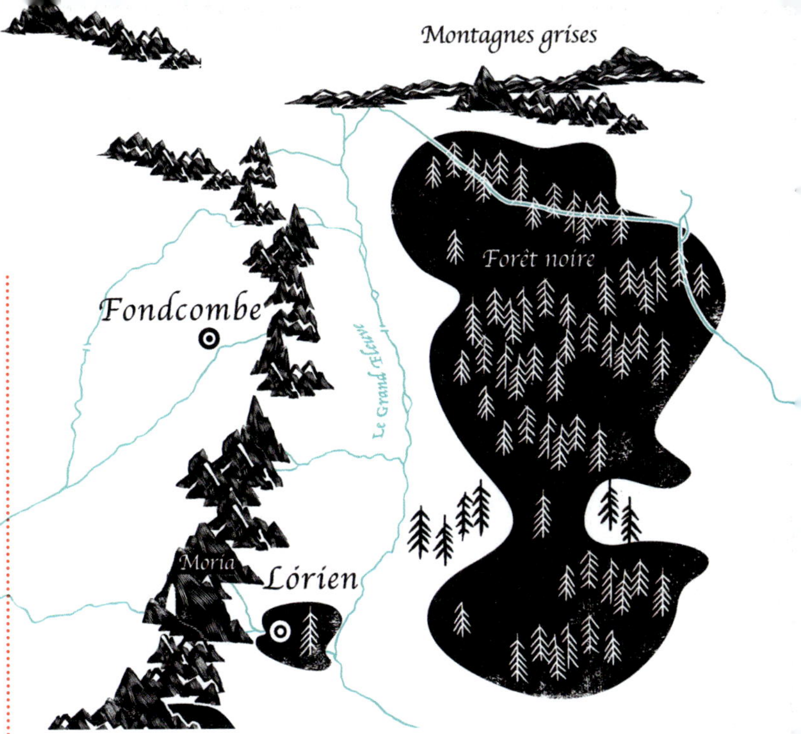

les deux territoires forment *« un séjour différent de celui des hommes »* et *« empreint d'influences celtiques »*, selon Claire Jardillier, maître de conférence en littérature anglaise et spécialiste du cycle arthurien. Si Fondcombe évoque le Val sans Retour des légendes arthuriennes, Caras Galadhon, la cité principale de la Lórien, représente plutôt une *« île au sens médiéval, pas nécessairement entourée d'eau, mais isolée du reste par son aspect singulier »*, précise-t-elle. On pourrait alors comparer la Lórien à l'île d'Avalon, dont la fée Morgane est la maîtresse chez Geoffroy de Monmouth.

Cependant, les points communs s'arrêtent là. Au-delà du prétexte littéraire ou de la symbolique, les deux sites présentent des différences. La demeure d'Elrond, *« dernière maison simple à l'est de la mer »*, comme la qualifie Tolkien (qui la concevait *« à peu près à la lattitude d'Oxford »*), est sans doute une sorte de manoir, avec des dépendances. Bien que caché, c'est un lieu accueillant, et de nombreux visiteurs – issus aussi bien des grandes familles des Elfes de l'Ouest que des Hommes descendant des seigneurs de l'Arnor – semblent y être des invités permanents. Aragorn y a été élevé sous la protection paternelle d'Elrond, et Boromir y est envoyé pour chercher conseil. Lieu de connaissance, de réflexion et de mémoire, Fondcombe a été fondé ex nihilo pendant l'épouvante guerre entre les Elfes et Sauron, durant le Deuxième Age du monde. C'est donc un séjour très ancien des Elfes.

Plus ancienne encore est la Lothlórien. La tradition rapporte que les Elfes Nandor s'étaient jadis établis dans les bois entre le versant des montagnes et l'Anduin. Ils y fondèrent le royaume sylvestre de Lindórinand (« vallée du pays des chanteurs » dans la langue des Nandor), devenu par la suite Lórinand. La date de l'installation définitive de Galadriel et Celeborn dans ce royaume est incertaine. Celle-ci a probablement eu lieu durant le Troisième Age, bien que Galadriel ait déjà séjourné par le passé sous l'ombre des arbres de Lórinand. Vivant dans des cabanes dans les arbres (les *telain*, « plateformes » elfiques), les farouches habitants de Lórinand ont bénéficié de la protection de Galadriel et de la magie que procure son anneau. Sous l'influence de sa dame, le pays change de nature et de nom. Les *mellyrn* (au singulier *mallorn* ou « arbre d'or » en *sindarin*) qu'elle fait planter embellissent le royaume, désormais connu sous le nom de Lothlórien, « le pays aux fleurs d'or », ou plus simplement Lórien, « pays d'or ». Lórien signifie aussi « pays du rêve » si on se réfère au nom des jardins du Vala Irmo, à Valinor, dans « Le Silmarillion ». Pour le commun des mortels, très éloigné de la compréhension de cette nostalgie, elle apparaît comme un lieu d'enchantements, voire de maléfices. Boromir s'en méfie, et les habitants du Rohan l'appellent Dwimordene, en vieil anglais « vallée des illusions ». Selon Benjamin Babut, auteur d'un article sur Lórien, « Lothlórien, la fleur de rêves », Galadriel, *« transportée par la nostalgie, tente de recréer en Terre du Milieu un havre elfique identique à celui qu'elle connut au Royaume Bienheureux avant la première chute des Elfes »* et avant son arrivée en Terre du Milieu. Par conséquent, la Lórien représente pour Isabelle Pantin *« l'idéal de la forêt, au point de presque cesser d'en être une »*. Sous l'influence de l'anneau Nenya, elle ne connaît ni dégradation ni vieillissement. La linéarité du temps semble suspendue et la Lórien apparaît comme un pays éminemment féerique, se confondant avec l'éclat prêté aux jours anciens ■ **JEAN-RODOLPHE TURLIN**

BODLEIAN LIBRARIES/TOLKIEN ESTATE

Les « mellyrn », grands arbres au tronc argenté et aux feuilles dorées, forment les magnifiques forêts de la Lórien (dessin de Tolkien).

COMMENT PARLER ELFIQUE

Pour briller en société, il y a encore mieux que le latin et le grec : le sindarin et le quenya ! Explications et exercices. **Par Damien Bador**

COLLECTION CHRISTOPHEL - DR

Peut-on parler elfique aujourd'hui ? Une telle question génère des controverses sans fin parmi les spécialistes. Déjà parce qu'il n'existe pas une seule langue elfique, mais toute une famille, dont les deux plus importants représentants sont la langue des Hauts-Elfes et celle des Elfes gris. Ensuite parce que si Tolkien nous a laissé une montagne de vocabulaire, il n'a jamais essayé de rendre ses langues accessibles au grand public. Les règles grammaticales sont d'une grande complexité et, pour couronner le tout, l'écrivain s'est plu à changer d'avis régulièrement sur différents sujets aussi fondamentaux que la manière de dire « oui » ou « non » ! Toutefois, pour ceux qui y consacrent l'énergie nécessaire, la récompense est à la hauteur des efforts... Dans « Le seigneur des anneaux », la langue des Hauts-Elfes se nomme quenya. Bien qu'elle ait été la langue maternelle des peuples Vanyar et Ñoldor *(voir précis ci-contre)*, elle n'est plus guère employée au quotidien par les Elfes à l'époque de la guerre de l'Anneau. Langue cérémonielle, langue de la connaissance, Tolkien la qualifie volontiers dans ses lettres de *« latin elfique »*. Le nom de couronnement d'Aragorn, Elessar, signifie « pierre elfique » en quenya. L'autre langue elfique parlée dans les romans est le sindarin, la langue des Elfes gris, descendants des Teleri restés en Terre du Milieu. Elle est depuis des millénaires la langue véhiculaire des Elfes du Lindon, de Fondcombe ou de Lórien. Elle est couramment pratiquée par la noblesse du Gondor. Dans une note étymologique, Tolkien explique que le prénom Aragorn veut dire « roi révéré » en sindarin.

Ces deux langues sont supposées dériver de la même langue primitive, l'eldarin commun. Tolkien fournit de nombreux exemples de ces développements parallèles. Par exemple, la racine *kir* « trancher, passer rapidement à travers » donne le terme primitif *kiryā*, à l'origine un adjectif désignant une chose rapide traversant facilement les obstacles. Or la mer n'est-elle pas l'obstacle par excellence ? Ce

NAVIRE

Quenya *cirya*		Sindarin *cair*	
Sarati (de droite à gauche)	Tengwar (mode classique)	Tengwar (mode de Beleriand)	Cirth (Angerthas Daeron)

mot en vient donc à désigner un navire, ce qui donne en quenya *cirya* (pluriel *ciryar*), et en sindarin *cair* (pl. *cîr*). Pour plus de réalisme, Tolkien n'hésite pas à inventer des irrégularités phonologiques et à multiplier les exemples d'influences linguistiques croisées. Les deux langues possèdent d'ailleurs des fonctionnements grammaticaux radicalement distincts.

Déclinaisons et suffixes

En quenya, tous les noms se déclinent, comme en latin, l'une des sources d'inspiration de Tolkien pour cette langue. Par ailleurs, les prépositions et les suffixations y jouent un grand rôle : la plupart du temps, les pronoms sujets et objets sont exprimés au moyen de suffixes ajoutés au verbe. Aragorn dit juste *utúvienyes* pour signifier « je l'ai trouvé », en parlant de l'Arbre Blanc du Gondor. Rien de tel en sindarin, mais cette langue fait un grand usage des alternances vocaliques et des mutations consonantiques, à l'instar du gallois que Tolkien appréciait tant. Pour exprimer le pluriel, c'est la qualité des voyelles du mot qui change. Ainsi « montagne » se dit *orod*, mais au pluriel *eryd* ou (en dialecte plus tardif) *ered*.

PAS MOINS DE TROIS SYSTÈMES D'ÉCRITURES ELFIQUES SONT MENTIONNÉS.

Tolkien a méticuleusement traité le cas des dialectes divers du quenya et du sindarin à différentes époques de leur développement. Sans parler de l'influence des évolutions phonologiques sur l'orthographe. Imagine-t-on un instant des êtres aussi raffinés que les Elfes sans un alphabet qui leur soit propre ? Pas moins de trois systèmes d'écritures elfiques sont mentionnés dans « Le seigneur des anneaux » (*voir tableau page ci-contre*). D'abord les signes sarati, premier système d'écriture du monde, inventé par le Ñoldo Rúmil dans les Terres Immortelles. Plébiscités par les Elfes Vanyar, les sarati se verront néanmoins supplantés chez les Ñoldor par les lettres tengwar du grand inventeur Fëanor. Parallèlement, les Sindar restés en Terre du Milieu inventent les cirth, système alphabétique que Tolkien a élaboré en imitant des runes scandinaves et qui sera adopté par les Nains commerçant avec les Sindar. Mais le retour des Ñoldor en Terre du Milieu conduira à une large diffusion des tengwar, qui deviendront le système d'écriture privilégié par les Elfes et les Hommes… et même par Sauron, lorsqu'il forgera son Anneau unique ■

Précieux précis

VALAR

Eru Ilúvatar, le dieu créateur de l'univers de Tolkien, donne vie à ses pensées, les Ainur. D'abord simples esprits au pouvoir quasi divin, ils prennent forme physique lors de leur arrivée sur la Terre du Milieu et se divisent en deux catégories principales : les Maiar *(voir ci-dessous)* et les Valar, des êtres supérieurs, au nombre de quinze. Ensemble, ils donnent au monde une forme matérielle. Le plus célèbre est Melkor, Valar déchu (connu plus tard sous le nom Morgoth) qui s'opposa aux plans d'Ilúvatar et sema la discorde dans la création.

MAIAR

Moins puissants que les Valar, les Maiar se mettent à leur service. Sauron est l'un d'entre eux, mais il choisit de se rallier à Melkor. Gandalf et Saroumane sont également des Maiar, envoyés en Terre du Milieu pour lutter contre Sauron (on les appelle alors Istari).

ELDAR

Lorsque les Valar découvrent les Elfes en Terre du Milieu, ils les trouvent si beaux qu'ils les nomment Eldar, « peuple des étoiles », et leur proposent de venir auprès d'eux à Valinor, sur les Terres Immortelles du royaume d'Aman, pour échapper à l'influence néfaste de Melkor. Parmi les Eldar, on distingue :

- Les Vanyar, ou Elfes blonds, premiers arrivés à Valinor (les touts premiers sont même appelés Hauts-Elfes) ;
- Les Ñoldor, ou Elfes profonds, qui ont une grande connaissance des arts – Galadriel en fait partie, ainsi que Fëanor, célèbre pour ses talents de forgeron (il créa les Silmarils) et d'inventeur (il est à l'origine de l'écriture twengar) ;
- Les Teleri, alias « les derniers », rejoignent difficilement les Terres Immortelles. Certains abandonnent en cours de route comme les Sindar, aussi appelés Elfes gris, et les Elfes sylvestres, dont Legolas est issu.

CAHIER D'EXERCICES

Alphabet tengwar

Comme pour l'alphabet latin, il existe des variantes de tengwar, tenant compte des particularités des différentes langues de la Terre du Milieu. Le mode de Beleriand servait à écrire la langue sindarine chez les Elfes Ñoldor du Deuxième Age en Eriador. C'est lui qu'on retrouve sur les portes de la Moria.
(Certaines lettres de notre alphabet n'ont pas d'équivalence.)

Expressions sindarines

Mae g'ovannen
« Heureux de te rencontrer » (familier)

Mae l'ovannen
« Heureux de vous rencontrer » (respectueux)

Eglerio !
« Félicitations ! »

Mellon/mellyn nín
« Mon ami/mes amis »

Cuio anann
« Puisses-tu/ puissiez-vous vivre longtemps »

Guren bêd enni
« Mon cœur me dit »

Hebin estel
« Je garde espoir »

A vos crayons !

Apprenez à écrire « salut » *(Suilad)*

Les noms propres des langues elfiques ont presque toujours une signification précise. A vous de retrouver le nom quenya de chacun de ces rois du Gondor grâce au lexique fourni.

Mots croisés

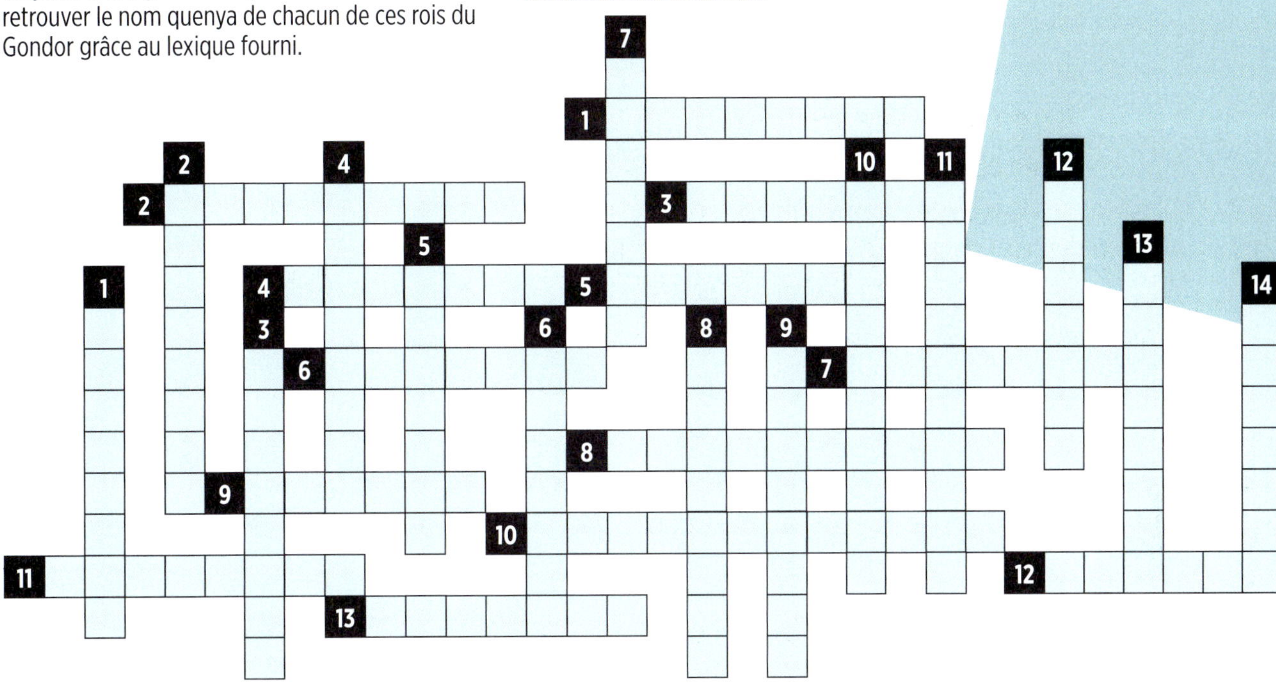

Horizontalement

1. Epée de feu
2. Ami des navires
3. Heaume des Elfes
4. Heaume des puissances
5. Ami des étoiles
6. Fils du soleil
7. Ami du ciel
8. Guerrier de la voûte céleste
9. Ami de la mer
10. Vainqueur du Sud
11. Roi des pierres
12. Serviteur de la mer
13. Glorieux

Verticalement

1. Maître du monde
2. Epée de lumière
3. Ami de la mer
4. Père des Hommes
5. Ami du soleil
6. Seigneur de la forteresse
7. Seigneur de la pierre
8. Feu argenté
9. Serviteur de la terre
10. Guerrier de la lumière
11. Vainqueur de l'Est
12. Serviteur de la lune
13. Maître des côtes
14. Joyau de l'arbre

Note : Certains rois ont été omis parce que leur nom comporte une assimilation phonétique obscurcissant les éléments qui le composent. Ex. : Elessar vient d'*elen*, « étoile » + *sar*, « pierre ».

Lexique

- -car Heaume de
- - ion Fils de
- - (n)dacil Vainqueur de
- - (n)dil, -nil Ami de
- - (n)dur, -nur Serviteur de
- Alcarin Glorieux
- Alda Arbre
- Ambar Monde, destin
- Anar Soleil
- Atan Homme
- Atar Père
- Calë, cali- Lumière
- Calma Lampe, lumière
- Cemen Terre
- Cirya Navire
- Eär(en) Mer, océan
- Elda Elfe
- Elen Étoile
- Falas(së) Côtes, rivage
- Hér(u) Seigneur
- Hyarmen Sud
- Isil Lune
- Macil Épée
- Mehtar Guerrier
- Menel Ciel
- Mìr(ë) Joyau
- Nàr(ë) Feu
- Ondo, pl. ondor Pierre
- Osto Forteresse
- Ròmen Est
- Tar Roi
- Telemna Argenté
- Telumë Dôme, voûte (céleste)
- Tùr(o) Maître, conquérant
- Vala Puissance (angélique)

Réponses

Horizontalement : 1. Narmacil ; 2. Ciryandil ; 3. Eldacar ; 4. Valacar ; 5. Elendil ; 6. Anarion ; 7. Meneldil ; 8. Telumehtar ; 9. Eärnil ; 10. Hyarmendacil ; 11. Tarondor ; 12. Eärnur ; 13. Alcarin.

Verticalement : 1. Túrambar ; 2. Calmacil ; 3. Eärendil ; 4. Atanatar ; 5. Anardil ; 6. Ostohér ; 7. Ondohér ; 8. Telemnár ; 9. Cemendur ; 10. Calimehtar ; 11. Rómendacil ; 12. Isildur ; 13. Falastúr ; 14. Aldamir.

GIMLI

CŒUR DE POÈTE

Loin du personnage peint par Peter Jackson dans son adaptation, le Nain se distingue chez Tolkien par son amitié avec les Elfes et son art de la courtoisie.

Par Romain Brethes

Face à dame Galadriel, Gimli saura faire preuve de son art de la poésie et du compliment.

Lorsque Galadriel, maîtresse de la Lothlórien, demande à Gimli, fils de Glóin, ce qu'il souhaite obtenir d'elle comme cadeau d'au revoir, le Nain répond d'abord qu'il ne désire rien, puisqu'il a vu de ses yeux la dame du peuple des arbres, et qu'il a pu entendre de *« douces paroles »* de sa bouche. Devant l'insistance de Galadriel, qui prend à témoin l'assistance des Elfes de la noblesse de ce Nain, Gimli sollicite alors un fil de ses cheveux, *« qui surpassent l'or de la terre, comme les étoiles surpassent les gemmes de la mine »*. Venant d'un Nain, la race tolkiennienne qui témoigne, selon les mots de James Tyler dans « The Tolkien Companion », du *« plus grand amour pour les pays de la Terre du Milieu et des trésors qu'ils recèlent »*, l'image est tout à fait exceptionnelle et n'a rien d'anodin. Cette scène superbe, qui survient dans le premier volume du « Seigneur des anneaux », est en effet essentielle si l'on veut saisir la transformation de ce beau personnage, trop souvent resté dans l'ombre de ses brillants camarades de la Communauté de l'Anneau.

Gimli n'est pas, de ce point de vue, un Nain archétypal, ainsi que le révèle Galadriel au moment d'accéder à sa demande : *« On prétend que l'art des Nains réside plutôt dans leurs mains que dans leur langue, mais ce n'est pas vrai pour Gimli. Car nul ne m'a jamais présenté requête aussi hardie et pourtant aussi courtoise. »* Ce dernier terme apporte un éclairage tout à fait précieux, comme on le verra un peu plus loin, à la figure de Gimli, dont on peut supposer que la caractérisation bouffonne dans la trilogie de Jackson n'aurait probablement pas eu l'assentiment du sourcilleux Tolkien. Dans son article consacré aux libertés prises par le réalisateur néo-zélandais avec l'œuvre originale (« Understanding The Lord of the Rings »), Tom Shippey juge ainsi sévèrement la double référence au « lancer de Nain », concession comique douteuse faite par Hollywood à un public adolescent, dans « La communauté de l'anneau » puis dans « Les deux tours ». Il suffit de se remémorer la description proposée par Tolkien à propos des Nains, dans le 12e chapitre du « Hobbit », pour comprendre la singularité de Gimli : *« Les Nains ne sont pas des héros, mais des calculateurs qui ont une haute idée de la valeur de l'argent ; certains, astucieux et déloyaux, sont d'assez mauvais drôles ; d'autres sont au contraire d'assez braves gens, tels Thorin et compagnie, si l'on n'attend pas trop d'eux. »* Cette appréciation, à laquelle Gimli apporte un vivant démenti, doit beaucoup à toute une imagerie négative héritée de traditions orales et littéraires immémoriales.

Les mythologies nordiques, et notamment islandaises, qui étaient chères à Tolkien, en font, comme le souligne Claude Lecouteux dans « Les nains et les elfes au Moyen Age », des « êtres chtoniens », que la lumière solaire pétrifie, comme les esprits et les revenants avec lesquels ils présentent plus d'un point commun. Ils vivent dans ou sous les pierres, donc dans un monde souterrain qui prend la forme de grottes ou de tertres funéraires.

D'après « Le Silmarillion », de Tolkien, les Nains sont créés par Aulë, l'un des Valar, ces sortes de puissances célestes chargées de gouverner le monde. Animé d'un désir de création, Aulë va façonner les sept pères qui seront à l'origine de la race des Nains. C'est notamment lui qui leur donne le nom de Khazad, par lequel ils se désignent eux-mêmes, et qui leur apprend l'art de la forge. L'antagonisme entre Elfes et Nains, dont il est difficile de déterminer l'origine, même dans le séminal « Livre rouge de la Marche de l'Ouest » – *« chaque race en rejetant* •••

« ON PRÉTEND QUE L'ART DES NAINS RÉSIDE PLUTÔT DANS LEURS MAINS QUE DANS LEUR LANGUE, MAIS CE N'EST PAS VRAI POUR GIMLI. » GALADRIEL

Le personnage du nain est récurrent dans les sagas nordiques (à g.) telles que les « Eddas », récits dans lesquels sont loués ses talents de forgeron, ainsi que dans la mythologie germanique (au centre). Dans les contes (à dr.), il peut se montrer malfaisant ou bienveillant.

la responsabilité sur l'autre » selon James Tyler –, est fréquemment évoqué dans « Le seigneur des anneaux ». Haldir accueille ainsi dans la Lothlórien les membres rescapés de la Moria avec bienveillance, à l'exception de Gimli. Il exige d'ailleurs de bander les yeux de ce dernier pour le guider dans ce territoire elfique sacré. Aragorn, conscient de l'humiliation qui serait imposée à son compagnon, demande à Haldir de leur bander les yeux à tous, Legolas compris, pour ne pas faire d'exception. Comme le suggère Vincent Ferré (« Tolkien : sur les rivages de la Terre du Milieu »), l'œuvre de Tolkien est « *le récit d'un apprentissage de la tolérance* », dont Gimli constitue l'un des acteurs et vecteurs privilégiés.

Son amitié avec Legolas grandit ainsi constamment après le passage dans la Lothlórien, au point que les deux personnages ne cessent de partager états d'âme ou épanchements poétiques. Pour Matthew Dickerson et Jonathan Evans (« Ent, Elves and Eriador. The Environnmental Vision of J.R.R. Tolkien »), l'effet le plus perceptible de cette amitié sur Gimli se situe avec la description des brillantes cavernes d'Aglarond, dont le Nain fait une peinture saisissante après la bataille du Gouffre de Helm, et où il retournera fonder une colonie après la fin de la guerre contre Sauron : « *Legolas, lorsque les torches sont allumées et que les hommes déambulent sur les sols sablés sous les dômes sonores, ah ! alors, Legolas, les gemmes, les cristaux et les veines de minerais précieux étincellent dans les murs polis, et la lumière rayonne à travers les marbres plissés, semblables à des coquillages, translucides comme les vivantes mains de la reine Galadriel. Il y a des colonnes blanches, safran et d'un rose d'aurore, cannelées et contournées en forme de rêves, Legolas, elles jaillissent de sols multicolores pour rejoindre les pendentifs scintillants de la voûte : des ailes, des cordes, des rideaux aussi fins que des nuages gelés, des lances, des bannières, des clochetons de palais suspendus ! Des lacs immobiles les reflètent : un monde miroitant surgit de sombres mares couvertes de verre clair.* » Et à l'Elfe qui lui suggère, quelque peu sarcastique, de ne rien en dire à ses congénères, de peur qu'ils n'abîment une telle beauté naturelle, Gimli rejette cette idée avec fermeté : « *Personne de la race de Durïn ne creuserait ces cavernes pour extraire des pierres ou du minerai, même si l'on y trouvait des diamants et de l'or. Coupe-t-on des arbres de vergers en fleurs au printemps pour se procurer du bois de chauffage ?* » Dickerson et Evans notent que Gimli reprend ici une phraséologie propre aux Elfes dans leur attachement aux fleurs et aux arbres.

Loyal, fidèle, courageux, guerrier infatigable, Gimli, inséparable de ses haches, est un concentré de chevalerie.

Devant l'authenticité de cette extase aux airs de correspondances baudelairiennes, Legolas abandonne le sarcasme pour l'émotion : *« Je ne t'ai jamais entendu parler ainsi. Tu me fais presque regretter de n'avoir pas vu ces cavernes. »* Comme le rappelle justement Rose Zimbardo, dans son étude sur la dimension morale du « Seigneur des anneaux », l'amour de Gimli pour Galadriel le prépare à aimer Legolas. L'hostilité cède alors la place à une compétition complice et *« au désir de voir la beauté à travers les yeux de l'autre. Mais si Legolas peut bien visiter les caves et Gimli les forêts en témoignage de leur amitié, l'un ne peut devenir l'autre, car leur amitié réside dans la conservation d'une identité distincte et séparée »*.

Une présence rassurante

Bien sûr, Gimli n'est pas seulement un poète bucolique, émule des maîtres antiques que sont le Grec Théocrite et le Romain Virgile. Il est aussi un formidable combattant, ce que retranscrit fidèlement la trilogie de Peter Jackson – même si son intervention intempestive au conseil d'Elrond, dans le premier film, où il cherche à briser l'Anneau de sa hache, pourrait le faire passer pour une brute sans cervelle, alors qu'il ne prononce pas un mot chez Tolkien, laissant respectueusement son père, Glóin, s'exprimer au nom des Nains pendant le conseil. L'hommage de l'éblouissant guerrier qu'est Aragorn dans « Les deux tours » doit donc être apprécié à sa juste valeur. Quand on lui glisse que Legolas en est désormais à 39 Orques abattus pendant la bataille du Gouffre de Helm, l'héritier d'Isildur remarque en riant : *« S'il parvient jusqu'aux cavernes, Gimli le dépassera de nouveau. Jamais je n'ai vu de hache si bien maniée. »* Et de fait, Legolas se réjouit de la présence rassurante de Gimli, *« avec* [ses] *jambes vigoureuses et* [sa] *dure hache »*. Cette image topique du Nain inébranlable à la force colossale a depuis fait les beaux jours des concepteurs de jeux vidéo comme « Golden Axe » ou

GIMLI VA À L'ENCONTRE D'UNE IMAGERIE NÉGATIVE DU NAIN HÉRITÉE DES TRADITIONS LITTÉRAIRES.

« Baldur's Gate ». Mais dans le cas de Gimli, elle serait une nouvelle fois très réductrice. D'abord parce qu'il arrive au Nain, à la différence de Legolas, qui ne craint pas la mort, d'éprouver de la terreur, aussi bien dans la Moria, à l'approche du Balrog, qu'au moment de pénétrer la Montagne Hantée dans « Le retour du roi ». Ensuite parce qu'il demeure indéfectiblement attaché au souvenir de Galadriel. L'échange entre la dame elfe et Gimli, où ce dernier lui promet, tout en recevant l'offrande de ses trois cheveux d'or, de les placer dans un « cristal impérissable », fait de lui un digne représentant de la *« fin'amor »*, l'amour courtois médiéval. A la manière du Lancelot de Chrétien de Troyes, qui découvre stupéfait la chevelure d'or de Guenièvre dans « Le chevalier de la charrette », il se dévoue corps et âme à sa maîtresse. Et si l'on peut choisir de voir dans cette rencontre inattendue, comme Eric Flieller dans le « Dictionnaire Tolkien », *« un pendant comique au couple Aragorn-Arwen »*, la dévotion de Gimli envers Galadriel dessine sans doute l'une des leçons les plus magistrales du « Seigneur des anneaux » : celle de ne jamais réduire une espèce aux stéréotypes qui lui sont associés ■

Tout oppose Legolas, l'Elfe, et Gimli, le Nain. Ils vont cependant apprendre à se connaître, à s'apprécier à leur juste valeur. Leur amitié symbolise l'entente entre les peuples.

NEW LINE CINEMA/WINGNUT FILMS/DR - BRIDGEMAN

IMPLACABLE MORIA

« Le nom de la Moria est noir* », énonce Boromir au moment où Gandalf propose de renoncer à escalader le Caradhras pour pénétrer dans le Khazad-dûm, ainsi que le désignent les Nains. Ce passage de « La communauté de l'anneau » est le premier morceau de bravoure du récit et recèle une charge symbolique aux multiples accents. *« L'histoire de la Moria est une histoire d'accomplissement massif, de pouvoir sans limite et de royauté, de richesse insondable et d'habileté incomparable en art de la pierre, de la mine et de l'excavation. C'est aussi une histoire d'avidité, d'obsession et de perte sans retour »*, explique James Tyler (« The Tolkien Companion »). Moria, terme elfique qui signifie « gouffre noir », désigne le dédale de tunnels et de nefs majestueuses qui formait autrefois la cité la plus glorieuse du peuple nain. D'autres étymologies ont été proposées, en relation avec le latin (*mors*, « la mort ») ou le grec (*moira*, « le destin »), mais le spécialiste Vincent Ferré relève que Tolkien se montrait réticent à l'égard de telles hypothèses onomastiques. Les sources de la fascination de l'auteur pour les mondes souterrains sont plurielles. Son biographe, Humphrey Carpenter, évoque l'appétence de Tolkien pour la série « Curdie », de George MacDonald, des contes pour enfants se déroulant dans un royaume lointain où des gnomes malfaisants se cachent sous des montagnes. Curdie, le protagoniste, est d'ailleurs un jeune mineur. La passion du romancier pour les langues serait apparue, entre autres, à la lecture des noms gallois qu'il voyait enfant sur les wagons qui transportaient le charbon.

Cependant, comme dans le chapitre 5 du « Hobbit », où Bilbon pénètre dans la caverne de Gollum, le passage dans la Moria recèle une dimension proprement initiatique que l'érudit Tolkien ne pouvait ignorer. Au chant X de « L'Odyssée », Ulysse descend aux Enfers pour consulter le devin Tirésias afin de savoir comment rentrer à Ithaque, tout comme au chant VI de « L'Enéide », le héros de Virgile connaît sa propre catabase pour rencontrer l'âme de son père, Anchise, qui lui annoncera le futur de Rome. La Moria constitue de même, pour les membres de l'expédition, une confrontation avec cet archétype que Carl Jung nomme « l'ombre » dans « L'âme et la vie ». Cette ombre désigne la part la plus sombre de notre psyché, que nous ne voulons pas reconnaître, et qu'il nous faut pourtant accepter dans le processus jungien d'individuation. Pour Jay Ruud (« Critical Companion to J.R.R. Tolkien »), la première ombre que Frodon et ses compagnons doivent affronter est la peur de la mort, symbolisée par la tombe de Balin, puis par l'apparition du terrifiant Balrog, décrit par Tolkien comme *« une grande ombre, au milieu de laquelle se dressait une masse sombre »*. La seconde ombre est la disparition de la figure paternelle de Gandalf après sa lutte contre le Balrog, et la nécessaire maturité qui suit une telle perte. Frodon et Aragorn, en particulier, doivent assumer la responsabilité et le commandement de la petite troupe une fois celle-ci sortie de la Moria. Cette renaissance symbolique pour les membres de la Communauté s'accompagne, dans le cas de Gandalf le Gris, d'une renaissance authentique sous la forme de Gandalf le Blanc. Si Peter Jackson a offert dans son adaptation une admirable peinture de la Moria, gothique et ténébreuse à souhait, Gimli énonce à raison que, *« jadis, ce n'était pas sombre, mais rempli de lumière et de splendeur, comme le célèbrent*

COLLECTION CHRISTOPHEL

encore nos chansons». En effet, Durin l'Immortel, l'un des sept pères de la race des Nains, fonda, lors du Premier Age, la cité sous les meilleurs auspices, lorsqu'il aperçut dans le reflet des eaux du Kheled-zâram une couronne de sept étoiles au-dessus de sa tête. Les Nains aménagèrent alors les immenses cavités environnantes en construisant d'abord les grandes portes qui surplombaient la vallée de l'Azanulbizar et son lac. Après les portes, entre le deuxième et le troisième hall, se trouvait un abîme si grand que même les mineurs de la Moria n'osèrent jamais s'y aventurer. Au-dessus, les Nains construisirent un pont étroit qui ne pouvait être traversé qu'en file indienne, et qu'ils nommèrent le Pont de Durin. Au sommet de Zirakzigil, ils creusèrent une chambre avec un rebord depuis lequel Durin et ses successeurs contemplaient les vastes territoires de l'Eriador. Ils nommèrent ce lieu la Tour de Durin et elle n'était accessible que par l'Escalier Sans Fin, chef-d'œuvre de maçonnerie. Dans son horizontalité et sa verticalité, l'architecture de la Moria s'apparente, selon l'expression d'Eric Flieller dans « Le dictionnaire Tolkien », à un *axis* et à une *imago mundi*.

Au cours du Deuxième Age, les Nains firent dans la Moria leur plus grande découverte, qui allait accroître leur pouvoir et leur richesse au-delà de leur imagination. Des profondeurs de la Moria jaillit le mithril, un métal inconnu, brillant et presque indestructible – Frodon peut en témoigner, puisque sa cotte de mailles en mithril, présent de Bilbon qui l'avait lui-même reçu de Thorin, lui sauve la vie lors du combat contre les Orques au cœur de la Moria. Selon Gimli, le mithril *«faisait l'objet du désir de tous. Il pouvait se marteler comme le cuivre et se polir comme le verre, et les Nains savaient en faire un métal léger et pourtant plus dur que l'acier trempé»*. Les Elfes lui portaient un amour extrême et certains s'installèrent non loin de la Moria, où ils vécurent, chose exceptionnelle, en bonne intelligence avec les Nains, au point de participer à la construction des portes de Durin. Mais l'âge d'or de la Moria ne devait pas durer. Durant la première guerre qui opposa les peuples de la Terre du Milieu à Sauron, les Nains ne se soucièrent guère des événements et se consacrèrent à augmenter leurs ressources. C'est ce qui les perdit, ainsi que Gimli en fait le récit : *« Ils creusèrent avec trop d'avidité et allèrent trop profondément, et ils dérangèrent ainsi ce qu'ils fuyaient, le Fléau de Durin »*, le fameux Balrog. La Moria fut abandonnée aux Orques et ni la tentative de Thror ni celle de Balin pour la reconquérir n'aboutirent. Selon les « Archives de la Comté », la Moria, témoignage de la démesure et de l'hubris des Nains, est demeurée vierge de tout passage depuis celui de la Communauté de l'Anneau ■ **R. B.**

La Moria (illustrée ci-contre par Alan Lee) recèle une dimension initiatique pour la Compagnie : vaincre la peur de la mort, symbolisée par la tombe de Balin (ci-dessous).

ALAN LEE/HAPER COLLINS - NEW LINE CINEMA/WINGNUTFILMS/DR - ILLUSTRATION : ANTOINE DUSAULT POUR « LE POINT POP »

SAROUMANE & SAURON
GÉOPOLITIQUE
DU MAL

Contrairement aux apparences, le monde maléfique de Tolkien n'est ni bipolaire ni manichéen.

Par Edouard de Bélizal

Le titre du livre l'affirme, l'affiche du film le confirme : les deux tours sont le centre névralgique du mal en Terre du Milieu et le pivot de la Guerre de l'Anneau. Peter Jackson représente Barad-dûr et Orthanc, repaires respectifs de Sauron et de Saroumane, et l'on remarque d'emblée qu'elles ne sont pas traitées sur un pied d'égalité – la première l'emporte visuellement sur la seconde, reléguée à l'arrière-plan. Cette hiérarchie n'est pas anecdotique : si Saroumane s'impose par son action plus visible et immédiate, son pouvoir ne saurait égaler celui de Sauron. En fait d'alliance réelle, on a affaire à une allégeance – bien que le magicien tente de se persuader du contraire. Comme le rappelle Gandalf à son homologue, il n'y a qu'un seul Seigneur des Anneaux et il ne tolère que des subalternes. Les paysages imaginés par Tolkien reflètent d'ailleurs ce déséquilibre.

Comme l'interprète la géographe Karen Wynn Fonstad, l'Isengard ressemble à la caldeira d'un ancien volcan (l'aspect annulaire de sa plaine centrale contenue dans une cuvette en rappelle en tout cas la forme). Haute d'environ 120 mètres et semblant avoir été creusée à même la roche, la tour de Saroumane serait assimilable à un neck, une ancienne cheminée volcanique. Mais le volcan d'Isengard est éteint alors qu'Orodruin recouvre de ses laves et de ses scories toute la partie nord du Mordor *(voir p. 80)*. Autre signe qui ne trompe pas, chez Tolkien les deux tours ne sont en fait pas Orthanc et Barad-dûr, mais Orthanc et Minas Morgul, le repère des Nazgûls, les esprits servants de l'Anneau et de Sauron, ce qui place là encore Saroumane au rang des serviteurs. Contrairement aux apparences, donc, la géopolitique du mal en Terre du Milieu n'est clairement pas bipolaire. Elle n'est pas non plus manichéenne, comme une analyse superficielle de l'œuvre le ferait penser. *« Tolkien ne croit pas au mal absolu. A ses yeux, le mal est le miroir déformant du bien. On est du côté du mal parce qu'on l'a choisi »*, confirme Justine Breton, docteure en littérature médiévale et auteure d'une thèse sur l'écrivain. *« Le mal n'existe pas dès l'origine : c'est une dégradation*, renchérit Grégory Bouak, qui a travaillé sur la question dans le "Dictionnaire Tolkien". *Au départ, Morgoth* [le principal agent du Mal à l'époque du « Silmarillion », NDLR] s'*appelait Melkor, c'était l'un des "anges" qui ont participé à la création du monde. Il est devenu mauvais, mais ne fut pas créé comme tel. » « Le mal, chez Tolkien, c'est l'orgueil de tous les êtres libres. Melkor, Sauron, Saroumane succombent à leur propre désir de dominer le monde »*, précise Leo Carruthers, grand spécialiste de l'auteur.

Effectivement, Saroumane le Blanc était à l'origine un « gentil », le plus sage parmi les sages, chargé, comme Gandalf, de venir en aide aux peuples de la Terre du Milieu dans leur lutte contre les puissances maléfiques. Mais, tandis que l'un s'acquitte jusqu'au bout de sa mission, l'autre se laisse séduire par le côté obscur. Comme le résume Leo Carruthers, *« Saroumane a exercé son libre arbitre, il s'est laissé persuader que Sauron allait gagner la guerre et qu'il valait mieux s'incliner »*. Dans « Le seigneur des •••

LE MAL EST UNE DÉGRADATION, L'ORGUEIL DE TOUS LES ÊTRES LIBRES.

Saroumane use du savoir comme d'un pouvoir, mais c'est un savoir manipulé par Sauron à travers le Palantir.

ILLUSTRATION : JOHN HOWE POUR « LE POINT POP » - NEWLINE CINEMA/WINGNUT/DR

ORQUES DE BARBARIE

Sur les sentiers de la Terre du Milieu prolifèrent quantité d'êtres immondes appelés Gobelins, Orques ou encore Uruk-hai. Ils se croisent, se querellent et se confondent, cultivant une parenté monstrueuse. Dans « Le Hobbit », on parle ainsi des Gobelins de la Moria, qui craignent la lumière et se terrent dans les grottes des Monts Brumeux. Le terme « Gobelin » renvoie alors au « petit peuple » des légendes anglo-saxonnes (gnomes, lutins, etc.), plus trompeur et rusé que foncièrement maléfique (« Harry Potter » en fera par exemple une caste de banquiers). Mais, lorsqu'il abandonne le registre du conte pour enfants, Tolkien préfère employer le mot « Orque », moins connoté. Sa description traduit une représentation du mal qui gagne en profondeur. Et en laideur ! Comme le souligne Claire Caland, chercheuse en mythologies comparées, chez l'auteur du « Seigneur des anneaux », « le mal ne peut rester séduisant, c'est un avilissement physique et moral du monde ». Les Orques sont donc hideux, cruels, indisciplinés, ils craignent la lumière du soleil (excepté leur version « améliorée » par Saroumane, les Uruk-hai, capables de se déplacer en plein jour) et s'expriment, signe tolkiénien de leur barbarie, dans une langue rude, loin du raffinement des sonorités épurées des langages elfiques. Leur origine reflète également la vision du mal comme altération du bien : « Les Orques n'ont pas été créés avec les autres créatures, ils sont la forme corrompue de races préexistantes », expose Justine Breton, docteure en littérature médiévale, rappelant que, si Tolkien n'a jamais véritablement éclairci le mystère de leur apparition, la principale théorie évoque la corruption d'Elfes abominablement torturés par Morgoth ■ E. B.

Dans sa trilogie, Peter Jackson s'est amusé à rendre les Orques aussi effrayants et hideux que ridicules.

anneaux », la frontière entre le bien et le mal est poreuse. Les bons peuvent chuter, les mauvais se racheter. C'est d'ailleurs ce que s'évertuait à répéter Christopher Lee, grand fan de Tolkien au point de relire ses romans chaque année. L'acteur plaidait la cause de son personnage auprès de Peter Jackson durant le tournage de la trilogie. *« Il me disait : "Mais, Peter, il faut que tu comprennes, Saroumane n'est pas si mauvais" »*, se remémorera plus tard avec affection le réalisateur, qui vouait une admiration sans bornes à l'illustre interprète de Dracula, décédé en 2015. Seul acteur à avoir rencontré Tolkien de son vivant, Christopher Lee voulait à tout prix décrocher un rôle dans les films. Mais pas celui qu'on croit : il convoitait la partition de Gandalf, car il ne voulait plus incarner de méchant. A peine eut-il vent du projet d'adaptation qu'il accepta un rôle de magicien dans une série bas de gamme pour prouver à Jackson qu'il serait crédible. Il lui envoya même des photos de lui déguisé en mage pour appuyer son lobbying. *« Je me souviens qu'avec ma femme, Fran, on filmait les auditions dans une vieille église gothique glauque de Londres pour je ne sais quelle raison*, confiera Peter Jackson. *On a réalisé avec horreur qu'il était venu auditionner pour le rôle de Gandalf. S'ensuivirent trente minutes de gêne où nous essayâmes tant bien que mal d'expliquer à un Christopher Lee légèrement agacé que nous étions déjà en pourparlers avec Ian McKellen, mais qu'il ferait un incroyable Saroumane ! »* Et il le fut. Difficile aujourd'hui d'imaginer un autre acteur dans la robe du Maître des Stratagèmes, à la *« grande allure et de noble maintien »*, ainsi que le présente Tolkien dans les « Contes et légendes inachevés ».

Plus égoïste que foncièrement méchant, Saroumane use du savoir comme d'un pouvoir. Il en engrange une somme considérable qu'il conserve pour lui. Sa soif de connaissance absolue le pousse à tenter des expériences de plus en plus douteuses, au point de devenir un *« esprit de métal et de rouages »*, comme le déplore Sylvebarbe. Le nom de Saroumane viendrait d'ailleurs du vieil anglais *searu*, un terme associé au métal. La cotte de mailles de Beowulf est

COLLECTION CHRISTOPHEL

ainsi un *searonet*, et, dans le poème médiéval, la salle danoise d'Heorot est maintenue par des *searo*, sorte d'attaches en fer. Le mot traduit l'ingéniosité mécanique et la ruse qui transparaissent dans toutes les actions du sorcier : ses Orques combattent avec ce qui ressemblent à de la poudre au Gouffre de Helm, il déverse une sorte de napalm sur les Ents... Phonétiquement, Saroumane se rapproche également de Sarehole, le village de campagne situé en bordure de Birmingham où a grandi Tolkien et dont il déplorera, adulte, le défigurement par l'industrialisation. De même, Sylvebarbe se lamente du déboisement engagé par les armées de Saroumane.

Dans les livres, Tolkien insiste aussi particulièrement sur le jeu des couleurs : Saroumane est d'abord vêtu de blanc, mais sa pureté initiale est dévoyée au prisme de sa propre ambition lorsqu'il se nomme « le Multicolore ». Il finira vêtu de haillons gris, souillé et devenant par la suite la souillure qui flétrira le sol de la Comté. *« Le contraste avec Gandalf est saisissant : là où Gandalf ne cesse de s'élever, après sa résurrection notamment, Saroumane ne fait que chuter »*, pointe Grégory Bouak. La chute est d'autant plus spectaculaire que, jusqu'à la fin, Saroumane s'endurcit et refuse les possibilités de pardon qui lui sont régulièrement offertes. Ainsi, après la bataille de l'Isengard, Saroumane rechigne à comparaître devant Gandalf et déverse en guise de repentir un discours de haine. Même après la destruction de l'Anneau, lorsque les Hobbits et Gandalf le croisent sur la route du retour au pays, il s'obstine à rejeter la main qui lui est tendue. Pire, il commet un crime ultime en corrompant la Comté comme il avait dénaturé l'Isengard. A ce titre, il incarne la détestable figure du relaps, le pécheur impénitent et donc sans espoir de salut. A cet instant, le mal le plus profond réside dans l'aveuglement total de celui qui persiste dans la mauvaise voie, par orgueil et vanité. Pour Claire Caland, cette déchéance n'est pas sans rappeler la démesure que craignaient les Grecs de l'Antiquité, l'hubris, et qui n'avait d'autre issue que la mort. Saroumane, en se rêvant Seigneur des Anneaux (c'est le motif profond de son ralliement à Sauron, qu'il espère secrètement renverser), a perdu de vue la place qui était la sienne. Une folie des grandeurs finalement bien humaine et qui souligne encore davantage le contraste avec la figure d'un Sauron désincarné, quasi invisible. Et pourtant omniprésent. Dans « Le Silmarillion », on apprend •••

SAROUMANE INCARNE LA DÉTESTABLE FIGURE DU RELAPS, LE PÉCHEUR IMPÉNITENT ET DONC SANS ESPOIR DE SALUT.

COLLECTION CHRISTOPHEL - BODLEIAN LIBRARIES/TOLKIEN ESTATE

La forteresse de l'Isengard (à gauche) évoque la caldeira d'un vocan éteint, et la tour d'Orthanc (à droite, dessin de Tolkien), un ancien neck.

Là où Gandalf ne cesse de s'élever, Saroumane ne fait que chuter.

que le Seigneur des Ténèbres est l'ultime rémanence du pouvoir sans limite de Morgoth, équivalent tolkiénien de Lucifer, dont il fut l'auxiliaire. Né quelque six millénaires avant le début du « Seigneur des anneaux », il enjôla les Elfes, auxquels il s'associa pour forger les anneaux de pouvoir. Mais son stratagème fut découvert et il dut se rabattre sur les Hommes, plus faciles à corrompre. Sauron est l'illustration même du tentateur, qui cache son vrai visage pour séduire et pervertir. *« D'une certaine manière, les Elfes ont soutenu Sauron pendant le Deuxième Age, au moment où il regagnait sa puissance. Le mal se développe parce que, finalement, on le laisse faire »*, analyse Justine Breton. La dimension maléfique de Sauron se construit peu à peu et ne saurait exister sans la complaisance, naïve ou pas, des gens de bien. Comme lorsque Isildur récupère l'Anneau et qu'il le garde pour lui plutôt que de le détruire. Ce mal perdure grâce à la complicité d'un Homme qui pourtant s'est illustré dans la lutte contre le mal.

Véritable extension de Sauron, l'Unique en est finalement la seule manifestation « corporelle ». Et celle qui exprime d'une certaine façon le plus clairement ses intentions. *« Comme le Dracula de Bram Stoker, tout le monde en parle, mais lui ne s'exprime jamais »*, souligne Claire Caland. En fin de compte, on ne connaît presque rien des plans du Seigneur des Ténèbres et des actions qu'il mène. A la différence de Saroumane, qui s'agite et use de sa voix, le grand « méchant » de la saga brille presque par son absence – comme si le mal devait demeurer hors de portée, insaisissable. Ses pensées, ses projets, ses craintes ne sont jamais autrement partagés que par un tiers, qu'il s'agisse de Gandalf ou d'un porte-parole officiel, telle la bien nommée Bouche de Sauron. Le peu d'informations et le mystère organisé autour de ce personnage concernent également Barad-dûr. Habituellement avare de descriptions, Tolkien reste discret sur l'aspect de la Tour Sombre. Dans le livre, elle demeure cachée à Frodon et Sam par un voile de nuages noirs et ne se dévoile que par instants. Logiquement, Peter Jackson ne pouvait se contenter d'une telle représentation et a au contraire multiplié les plans de la forteresse, insistant sur sa taille impressionnante et sur l'œil incandescent qui la surplombe. La métaphore oculaire est une métaphore traditionnelle de la puissance ubique qui veille sans repos, capable d'observer de près comme de loin et de sonder les âmes à la manière d'un

BODLEIAN LIBRARIES/TOLKIEN ESTATE

Artiste complet, Tolkien a effectué de nombreux croquis qui aident à visualiser le monde qu'il a construit. Ci-dessus, une représentation de « la main de Sauron, terrible mais impuissante ».

Big Brother orwellien. *« Le thème du regard aliénant est le même pour le personnage de Sauron. Sous une figure faussement protectrice, le tyran impose son pouvoir »*, commente ainsi Justine Breton. L'omniprésence d'un œil dépourvu de paupières et qui jamais ne dort rappelle l'angoisse du regard divin silencieux, fixe et permanent que Victor Hugo dépeint dans son poème « La conscience ». Comme cette dernière, l'œil de Sauron tourmente inlassablement. Mais c'est pour mieux détourner du bien.

La mise en relation des deux figures du mal que sont Saroumane et Sauron invite à relativiser le rôle géopolitique du premier par rapport au second mais permet aussi de comprendre pourquoi le cinéma a fortement insisté sur sa présence, quitte à transformer l'équilibre des forces. On peut s'identifier à Saroumane, et on éprouverait presque de la pitié pour ce magicien qui a renié sa grandeur pour suivre ses propres objectifs, a trahi sa part de divinité pour assouvir ses désirs matériels de puissance et termine misérablement assassiné au bord d'une route. De son corps surgit un instant une fantomatique silhouette. *« Elle flotta un moment, tournée vers l'Ouest »* et les Terres Immortelles d'où cet esprit autrefois glorieux était venu. Ultime provocation envers les Valar ou remords trop tardif ? Quoi qu'il en soit, *« de là vint un grand froid, elle s'infléchit et, sur un soupir, se résorba en néant »*. Une fin qui fait écho à celle de Sauron, dont l'ombre s'élève un instant dans le ciel. *« Elle se dressa, énorme, sur le monde et étendit vers eux une vaste et menaçante main, terrible mais impuissante : car, au moment où elle se penchait sur eux, un grand vent la saisit, tout fut emporté et disparut ; et un silence tomba. »* Si terrible qu'il ait été, le mal est balayé en quelques secondes, aboli de la surface d'un monde qu'il a pu désorganiser et corrompre, mais qu'il a systématiquement échoué à détruire ■

L'autre Communauté de l'Anneau

Illustrant une vision du mal comme miroir déformé du bien, la compagnie des neuf Nazgûls est l'exact opposé des neuf membres de la Communauté de l'Anneau. Tandis que cette dernière a la volonté de détruire l'Unique pour sauver la Terre du Milieu, les Nazgûls cherchent à le sauvegarder pour le rapporter à Sauron et ainsi se préserver – ils ne pourraient survivre à sa disparition. On ne sait rien de précis du passé des Spectres de l'Anneau, si ce n'est qu'il s'agit d'anciens Hommes de haut rang trompés par Sauron, qui leur offrit un anneau de pouvoir. « Un par un, l'un après l'autre, selon leur force première et le bien ou le mal qui les avaient poussés au départ, ils devenaient esclaves de l'anneau qu'ils portaient et tombaient sous l'empire de l'Unique, celui de Sauron », est-il écrit à la fin du « Silmarillion ».

Leur sihouette évoque l'imagerie médiévale – témoin, la chevauchée ténébreuse qui rythme les films de Peter Jackson alors que les romans demeurent peu explicites à ce sujet. Grégory Bouak, contributeur du « Dictionnaire Tolkien », souligne que « les descriptions des Nazgûls sont ténues dans les livres, qui laissent une plus grande part à l'imagination ». A l'esthétique visuelle des Cavaliers Noirs s'ajoute leur cri sinistre, qui s'apparente pour Justine Breton, auteure d'une thèse sur Tolkien, à celui des monstres antiques : « Même si le cri des Nazgûls n'a rien de séduisant, comme peut l'être celui des sirènes, on retrouve un fonctionnement symbolique, celui du monstre qui se fait entendre avant d'être vu. » La silhouette noire encapuchonnée de la mort qui circule sur une charrette au crissement mortifère, l'Ankou breton, a sans doute contribué à la représentation faite au cinéma. Cette vision de la mort rappelle que, esclaves de leur désir, les Nazgûls ont perdu leur âme et sont condamnés à une demi-vie ténébreuse, ce qui ajoute à leur dimension médiévale une forte connotation morale d'inspiration chrétienne. « Au-delà de la symétrie évidente avec la Communauté, le 9 en tant que carré de 3 est un chiffre fondamental qui rappelle la Trinité et n'est donc pas anodin chez Tolkien, estime Claire Caland, chercheuse en mythologies comparées. On peut se rappeler l'épisode des démons dans les Evangiles quand l'homme possédé dit : "Mon nom est Légion." Le christianisme a cette représentation du mal comme d'une légion armée devant être détruite, qui peut servir de motif pour comprendre les Nazgûls. » La destruction des Nazgûls est possible et n'est pas sans dimension biblique. Leur « chef », le Roi-Sorcier d'Angmar, est anéanti par une figure féminine (Eowyn), qui peut renvoyer à l'image de la Vierge Marie écrasant le serpent. Les Nazgûls disparaîtront en même temps que Sauron. Une fois de plus, Tolkien montre que si le mal peut altérer et détruire, il n'est pas invincible ■ **E. B.**

Les Nazgûls, anciens hommes devenus spectres.

ILLUSTRATION : ANTOINE DUSAULT POUR « LE POINT POP » - COLLECTION CHRISTOPHEL

LE MORDOR, DESTINATION FINALE

C'est au Mordor que Sauron s'est établi depuis le Deuxième Age, une terre désertique, le symbole le plus évident de son ambition destructrice et une sorte d'extension paysagère de sa personnalité. L'activité de l'Orodruin, le volcan de la Montagne du Destin, est d'ailleurs systématiquement associée aux soubresauts de sa puissance. Destination ultime du porteur de l'Anneau, le Mordor est le décor principal d'une bonne partie de l'action du « Retour du roi », mais il est mentionné régulièrement tout au long de l'histoire. Dès le début du livre, à travers les récits de Gandalf, et dès le début du film, par la représentation de la Bataille de la Dernière Alliance. L'un et l'autre insistent sur la sécheresse extrême de ce territoire inhospitalier, stérile et mortifère. Sam et Frodon en subissent les affres ; c'est l'un des rares moments où les héros sont clairement ramenés à la condition matérielle de leur corps, à ses besoins et surtout à ses limites.

La géographie du Mordor fonctionne sur une dialectique d'ouverture et de fermeture. Le pays de Sauron est une citadelle naturelle largement fermée sur sa bordure ouest par *« la chaîne sombre de l'Ephel Duath, les Montagnes de l'Ombre, et au nord, les cimes déchiquetées et les crêtes désolées de l'Ered Lithui, d'un gris de cendre »* (description extraite des « Deux tours »). Ces remparts montagneux sont infranchissables, mis à part quelques passages étroitement surveillés par un réseau de forteresses destinées, autrefois, à contenir l'expansion de Sauron et de ses troupes mais abandonnées au cours du Troisième Age et désormais peuplées d'Orques. *« Nul ne pouvait passer par les Dents du Mordor sans ressentir leur morsure, à moins de connaître les mots de passe secrets qui ouvraient le Morannon, la porte noire de son territoire »*, nous informe le roman. D'autres entrées existent malgré tout, cachées dans la montagne, comme le repaire d'Arachne à Cirith Ungol, dans le prolongement du Val de Morgul. Le Mordor est cependant largement ouvert sur toute sa partie orientale : il manque un côté entier au quadrilatère presque parfait que forment les montagnes entre Rhûn et Khand. S'il existe bel et bien une barrière physique et géopolitique face au Gondor, le repaire de Sauron est revanche beaucoup plus perméable aux peuples de l'Est. Le relief indique également une rupture nette entre le plateau de Gorgoroth, au nord-ouest, et la vaste plaine de Nurnen avec un bassin endoréique, au sud-est, dont on nous dit qu'elle est occupée par de vastes champs où travaillent nombre d'esclaves. Ces nuances fondamentales entre fermeture et ouverture, entre sécheresse et agriculture servile, invitent à repenser le

Mordor comme un territoire plus contrasté. Frodon et Sam en font d'ailleurs eux-mêmes le constat, découvrant ici et là des sources ou des plantes inattendues.

Notre imaginaire ne retient généralement de ce noir pays que ses barrières naturelles, la Tour Sombre et la Montagne du Destin. Cette dernière est représentée selon les critères classiques du volcan : forme conique au sommet évasé par un large cratère, épaisse colonne éruptive, rouges épanchements laviques et projections de bombes ; seule source de lumière sur Gorgoroth, lumière rouge qui accompagne l'œil incandescent de Sauron. Elle est le nœud dramatique du récit, là où tout commence et tout finit. C'est dans le feu du volcan que Sauron forgea l'Anneau Unique, rejoignant par là-même les figures de forgeron que l'on retrouve dans les mythologies antiques (Héphaïstos et Vulcain), nordiques (Völund) ou germaniques (Alberich). Le Seigneur des Ténèbres concentrant son pouvoir dans l'Anneau, le gigantisme indomptable de l'activité volcanique est bien l'outil nécessaire pour réaliser un tel acte de magie. *« Le magma, en plus de sa couleur rouge infernale, rappelle par son aspect instable entre fluidité et solidité le pouvoir de transformation qu'est le mal dans l'œuvre de Tolkien »*, pointe en outre Claire Caland, coauteure du « Dictionnaire Tolkien ».

Les couleurs rouge et noire, la permanence du feu et la souffrance des héros font bien sûr également du Mordor une représentation infernale somme toute assez classique. Le voyage des deux Hobbits s'apparente d'ailleurs à une catabase, une descente aux Enfers, Gollum faisant office de sibylle de Cumes. Le passage à Minas Morgul, la cité morte-vivante emplie d'une lumière cadavérique, est une allusion directe à la mort. Sauf qu'ici les héros ne descendent pas mais montent ! Et sont confrontés à un Cerbère (le gardien à trois têtes du royaume des morts) autrement plus redoutable avec ses huit pattes et son appétit insatiable, Arachne. Le Mordor est aussi l'Enfer au sens chrétien du terme, lieu de souffrance des âmes damnées : le feu y est omniprésent et l'on y souffre successivement de la faim, de la soif, du froid, de la chaleur... Territoire de mort, territoire démoniaque, hors du monde de par son isolement et hors du temps car la nuit y est permanente, le Mordor se reconnecte brutalement au reste de la Terre du Milieu lors de la chute de Sauron. Ses portes s'ouvrent lors de la bataille finale dans un climat d'apocalypse où se mêlent tous les pans du monde de Tolkien. Le Seigneur des Ténèbres est vaincu et, avec sa disparition, le Mordor s'effondre, littéralement dans le cas du film, dans une scène qui exprime une fois de plus la consubstantialité entre Sauron et son territoire et les effets destructeurs du mal sur la nature ■ **E. B.**

ALAN LEE/HAPRER COLLINS - COLLECTION CHRISTOPHEL

Sam et Frodon doivent passer la Porte Noire pour accéder au Mordor. Ils renonceront et emprunteront, sur les conseils pernicieux de Gollum, un passage caché qui les mènera dans l'antre d'Arachne.

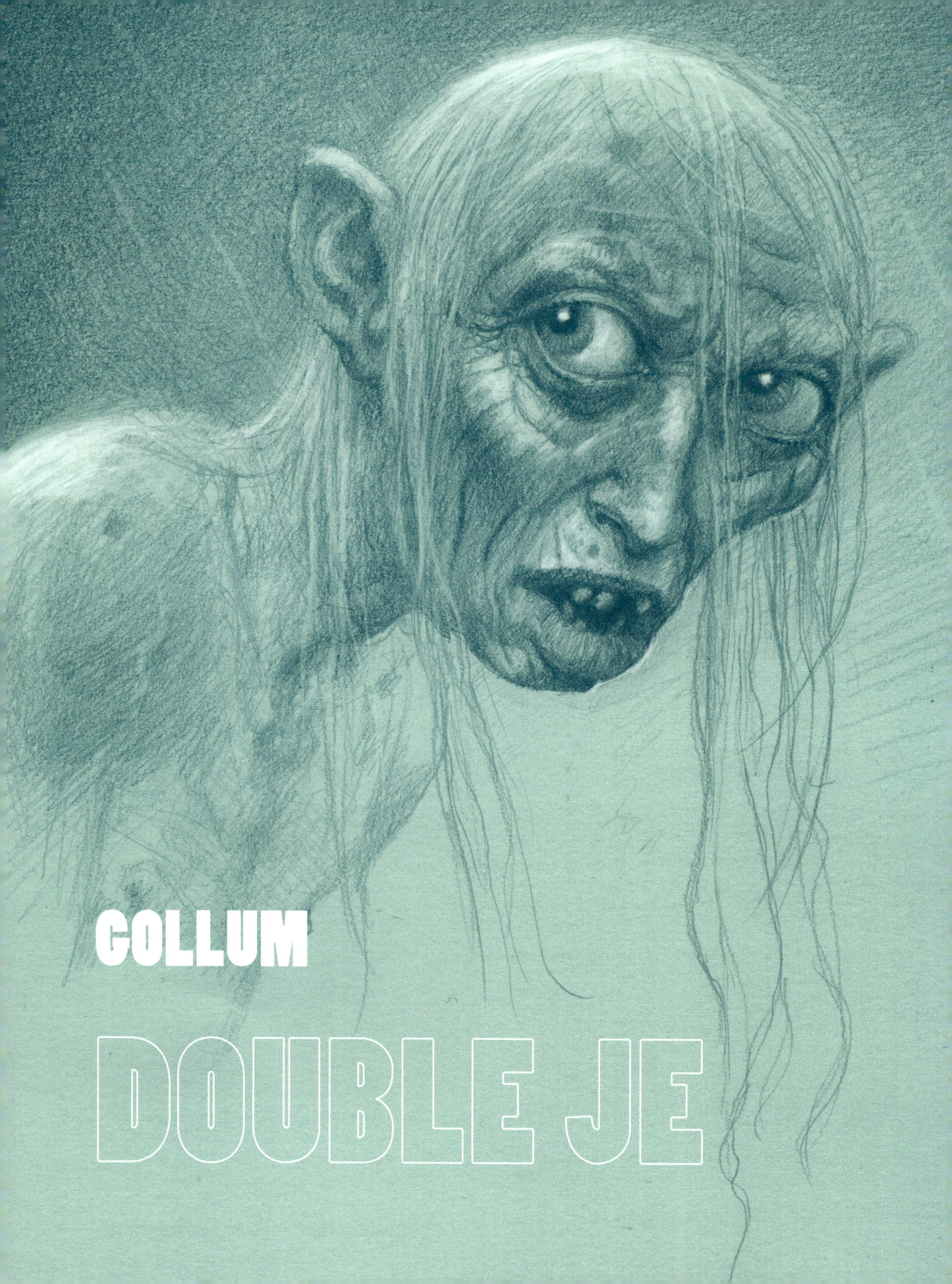

GOLLUM

DOUBLE JE

Dévoré par le désir de l'Anneau, écrasé par le poids de sa conscience, Gollum, c'est Caïn en Terre du Milieu!

Par Phalène de La Valette

« Gollum mérite-t-il un oscar?» Nous sommes en 2003 et le débat fait rage. Des deux côtés de l'Atlantique, on se déchire pour savoir si, oui ou non, un personnage numérique peut être considéré comme un acteur. C'est la première fois qu'un studio fait campagne en ce sens et que l'académie des statuettes dorées se pose sérieusement la question. Personne ne peut nier, en effet, les émotions ressenties face à cette créature si tangible, si paradoxalement humaine dans le deuxième volet de l'adaptation du «Seigneur des anneaux». Peter Jackson et Andy Serkis, formidable interprète de Gollum grâce à la magie de la «motion capture» *(voir interview p. 88)*, ont réalisé un exploit. Oscar ou pas (Hollywood ratera finalement le coche, préférant s'arrêter aux considérations techniques), Gollum constitue un tournant définitif dans l'histoire du cinéma. Mais il n'en fallait pas moins pour rendre justice à Tolkien et à ce personnage singulier, *«le plus mémorable du livre et même de toute la fiction du XXe siècle»*, selon Verlyn Flieger, auteur du passionnant essai «Une lumière éclatée: logos et langage dans le monde de Tolkien».

Mémorable, Gollum l'est indubitablement – il suffit de voir les innombrables reprises de ses dialogues pour comprendre qu'il a laissé une trace durable dans l'imaginaire collectif (que celui qui n'a jamais lancé un sifflant *«mon Précieux»* nous jette la première pierre!). C'est d'autant plus remarquable qu'il est absent durant toute la première partie du récit, réduit aux descriptions qu'en font Bilbon, Gandalf ou Aragorn, fantôme du passé, forme furtive aperçue dans la nuit. Il n'est finalement au départ qu'un méchant parmi d'autres, un être monstrueux comme il en existe tant dans les contes et épopées. N'a-t-il pas cherché, d'ailleurs, à dévorer Bilbon lors de leur première rencontre? «*Certes, il n'a pas la stature de l'ogre, mais il en a l'appétit et se rattache à la tradition des monstres les plus anciens*, confirme Claire Caland, chercheuse en littératures et mythologies comparées. *Son corps décharné, presque putride, et son teint livide le font ressembler à un mort-vivant – ce qu'il est d'une certaine façon. Ses yeux étincelants, sa façon de se tapir dans les profondeurs évoquent Grendel dans le "Beowulf".*
Et puis il est gluant, visqueux, à la façon des monstres aquatiques.» On pense à la figure de Caliban, mise en scène par Shakespeare dans «La tempête» et dont la description (il dirige une petite embarcation en pagayant avec ses pieds et attrape avec ses longs doigts des poissons qu'il consomme crus) pourrait parfaitement s'appliquer à Gollum: *«Qu'avons-nous ici? Homme ou poisson? Mort ou vif?»*

Moins évident mais néanmoins réel, le parallèle qui peut être établi avec un autre archétype cher au professeur Tolkien: les dragons. *«Son avidité, son désir de possession du "trésor" sont caractéristiques des dragons, qui sont associés à l'or qu'ils amassent*, nous explique Verlyn Flieger. *Chez Tolkien, le trésor est concentré en l'Anneau, mais la différence est quantitative, non qualitative. Fafnir, le plus célèbre dragon de la littérature nordique, s'est transformé d'homme en dragon pour garder son or, dont l'élément crucial est… un anneau. De même Gollum, qui était un Hobbit, s'est transformé, à cause de son désir pour l'Anneau,* •••

Gollum en plein dialogue intérieur avec Sméagol.

L'ÉTYMOLOGIE DE SON NOM D'AUTREFOIS, SMÉAGOL, RENVOIE À UN MOT UTILISÉ POUR DÉCRIRE LES DRAGONS.

Les particularités physiques de Gollum rappellent le Grendel, monstre ogresque qui sévit dans le poème épique « Beowulf », et Caliban (à g.), créature ambiguë de « La tempête », de Shakespeare.

MEPL/RUE DES ARCHIVES/BRIDGEMAN - RUE DES ARCHIVES/BCA - BRIDGEMAN

GOLLUM EST EN QUELQUE SORTE LE PORTRAIT À LA DORIAN GRAY DE FRODON.

en une chose rampante. L'étymologie de son nom d'autrefois, Sméagol, renvoie au vieil anglais "smygel" qui signifie "ramper", "s'insinuer", et qui est souvent utilisé pour décrire les dragons dans la littérature. »

L'auteur aurait pu s'en tenir là, et le lecteur – si tant est qu'il ait lu « Le Hobbit » – n'aurait gardé de Gollum que le souvenir d'un monstre intrigant, ex-propriétaire d'un anneau magique récupéré par Bilbon, mais dont on n'aurait jamais vraiment su « *d'où il venait, ni qui il était ou ce qu'il pouvait être* ». Sauf que la créature s'insinua dans l'esprit de son créateur au point de le contraindre, progressivement, à modifier l'histoire pour lui donner toute sa place (Tolkien en viendra à réviser le chapitre V des rééditions du « Hobbit » afin d'y insuffler sa nouvelle vision du personnage). D'obstacle traditionnel et marginal dans la quête du héros Gollum devient au cours de l'écriture du « Seigneur des anneaux » de plus en plus incontournable. Et chacun de découvrir, en même temps que Frodon et Sam, sa personnalité finalement si complexe. Si moderne aussi. Car, comme le formule malicieusement Andy Serkis, Gollum souffre visiblement de schizophrénie, de paranoïa et d'addiction. « *Il est comme un drogué en manque, obsédé par l'Anneau, qu'il adore et exècre à la fois.* » Bien sûr, les dédoublements de personnalité ne sont pas rares dans la fiction. Ainsi que l'écrit Verlyn Flieger : « *Dr. Jekyll et Mr. Hyde, Victor Frankenstein et son monstre, le William Wilson de Poe et son double sont tous des exemples de ce que la psychologie appelle le "moi" et l'"autre" (...) ou que Jung qualifie d'"ombre" par opposition à l'"ego" conscient et reconnu.* »

L'originalité de Gollum réside cependant dans la protéiformité du jeu de miroirs qu'il incarne. Il y a d'abord le double « je » interne, ou plutôt le « je » de Sméagol et le « nous » de Gollum – associé à la propre voix de l'Anneau. L'un s'exprime correctement, tente de se réinsérer socialement, de ressusciter le Hobbit qu'il fut un jour ; l'autre défait ces tentatives, abîme les mots et le langage, cultive la régression bestiale. L'un voudrait aimer et être aimé à nouveau, suscitant irrésistiblement la compassion ; l'autre provoque la répulsion et fomente des projets meurtriers.

La dualité ne s'arrête pas là. On peut aussi voir en Gollum un alter ego de Frodon, *« sa contrepartie ténébreuse »*, pour reprendre les mots de Rose Zimbardo (« Understanding The Lord of the Rings »). Il est la manifestation extérieure de ce que Frodon pourrait devenir, de ce qu'il est déjà en train de devenir. Une sorte de portrait à la Dorian Gray. D'où l'empathie presque instinctive du Hobbit pour Sméagol : *« Cette créature est liée à moi. Et moi à elle. » « Gollum est ce que Frodon doit combattre en lui-même tandis que grandit l'influence de l'Anneau »*, résume Verlyn Flieger. En ce sens, il devient également le miroir de toute l'humanité.

L'œil était dans la tombe

Ce n'est en effet pas un hasard si le crime originel de Gollum fait écho au premier crime commis par l'homme dans la Bible. Comme Caïn, qui assassine son frère Abel par jalousie, Sméagol assassine son ami Déagol (la parenté entre leurs noms suggère un lien familial) parce qu'il convoite son bien. *« Sois maudit et chassé du sol fertile »*, s'écrie Yahvé dans la Genèse, condamnant Caïn à n'être plus qu'*« un errant parcourant la terre »*. De même, *« on maudit Gollum et on lui dit de s'en aller au loin »*, jusqu'à ce qu'il *« erre solitaire, pleurant un peu sur la dureté du monde »*. Le parallèle peut être prolongé avec ces vers célèbres de « La légende des siècles ». Victor Hugo y met en scène un Caïn torturé par le souvenir de son crime, incapable de soutenir le regard du ciel *(« un œil tout grand ouvert dans les ténèbres »)* : *« Alors il dit : Je veux habiter sous la terre/ Comme dans son sépulcre un homme solitaire ; / Rien ne me verra plus, je ne verrai plus rien./ (...) Puis il descendit seul sous cette voûte sombre./ Quand il se fut assis sur sa chaise dans l'ombre/ Et qu'on eut sur son front fermé le souterrain,/ L'œil était dans la tombe et regardait Caïn. »* Chez Tolkien, on apprend aussi que *« le meurtre de Déagol hantait Gollum »* et que ce dernier ne pouvait plus supporter la lumière des cieux : *« Et il pensa soudain : "Il doit faire frais et ombreux sous ces montagnes. Là le soleil ne pourrait m'observer." (...) Il trouva une petite caverne, se glissa comme un ver dans le cœur des montagnes. (...) L'Anneau descendit avec lui dans les ombres. »* Dans un cas comme dans l'autre, la conclu- •••

BILBON LE VOYAGEUR

Peter Jackson le décrit comme un « petit gentleman campagnard légèrement vieux jeu », et il est vrai qu'à première vue Bilbon Sacquet paraît presque burlesque comparé aux héros du « Seigneur des anneaux ». Imaginé par Tolkien pour ses enfants, le propriétaire de Cul-de-Sac est cependant bien plus qu'une note légère dans la grave symphonie de la Terre du Milieu. Des premières pages du « Hobbit » jusqu'aux dernières pages de sa « suite » épique, Bilbon est d'abord et surtout une invitation au voyage – qu'il soit intérieur ou extérieur. « Un voyage, peu importe sa durée, délivre de l'état végétatif de passivité, c'est un exercice de volonté, de mobilité et de curiosité, sans lequel l'esprit rationnel s'abrutit », décrit Tolkien dans sa correspondance. Tiraillé entre son amour du confort et sa curiosité, entre le connu et l'inconnu, le Hobbit est sans cesse appelé, littéralement et métaphoriquement, à s'extraire de sa condition : il doit sortir de son trou, s'échapper de la cave de Gollum, traverser le tunnel jusqu'à Smaug... Bref, il lui faut renoncer à sa sécurité pour se confronter à l'altérité. Bilbon apprend également à se détacher des biens matériels, car, s'il n'y prenait pas garde, son goût des commodités pourrait se transformer en désir de possession, mal qui ronge le Nain Thorin, le dragon Smaug et l'ex-Hobbit Gollum. Ce dernier abandonne son libre arbitre en se livrant tout entier au « Précieux » qui l'immobilise dans sa grotte. Bilbon, à l'inverse, exerce sa volonté en choisissant l'aventure, en renonçant à sa part du trésor et, ultimement, à l'Anneau. Il gagnera ainsi le droit à une dernière expédition, vers les Terres Immortelles, et conclura aux côtés de son neveu Frodon le grand voyage du lecteur ■ **MARIE DAUBIÉ**

Bilbon Sacquet a longtemps gardé une allure juvénile grâce à l'Anneau.

sion est sans appel : on n'échappe pas à sa conscience et au poids de ses combats intérieurs.

Dès lors, la seule issue possible est la miséricorde. Si misérable et méprisable que soit Gollum, Gandalf rappelle sans cesse que tout n'est pas nécessairement perdu. *« Il y a peu d'espoir de guérison pour lui, hélas ! Et pourtant pas nul espoir »*, répète-t-il à Frodon, qui fera sienne cette conviction. Au-delà de la pitié sincère qu'il éprouve, si le neveu de Bilbon retient le bras de Sam et celui des archers de Faramir, c'est aussi parce qu'il a besoin de croire qu'une rémission est possible pour cet être déchu. Autrement, comment pourrait-il croire en son propre salut ? De fait, au contact du *« gentil maître »*, le *« bon Sméagol »* refait surface, et – c'est tout le génie de Tolkien – le lecteur en vient à souhaiter la rédemption du monstre. Elle s'esquisse lors d'une scène célèbre où l'ancien Hobbit, attendri par la vue d'un Frodon dormant paisiblement, tente un geste affectueux à son égard. Et se heurte une fois de trop à l'agressivité jalouse de Sam. *« Instant fugitif »* d'autant plus déchirant qu'il est brisé par un héros par ailleurs bon et doux. C'est toute la *« tragédie de Gollum »*

L'ANNEAU UNIQUE EST RECHERCHÉ PAR UN MONSTRE UNIQUE.

(les mots sont de Tolkien), jouée en un seul acte. Et c'est ce qui lui confère une dimension à part dans la saga.

« Alors que "Le seigneur des anneaux" s'inscrit surtout dans le registre de l'épopée et de la romance, avec Gollum on a affaire à une véritable figure tragique », analyse ainsi Claire Caland. A la différence de Frodon, qui cherche avant tout à accomplir son devoir et fait littéralement contre mauvaise fortune bon cœur, Gollum est le jouet de ses désirs, de ses obsessions et donc des circonstances. Que se serait-il passé si, comme l'imagine Tolkien dans une lettre de 1963, Sam avait mieux compris son maître et l'avait accompagné *« dans son éducation progressive débouchant sur la capacité pleine de noblesse de servir le non-aimable et de percevoir le bien non réalisé chez le corrompu »* ? *« Je crois que Gollum se serait sacrifié pour le bien de Frodon et qu'il se serait volontairement jeté dans le gouffre du feu »*, indique l'écrivain. Rien n'aurait changé.
Et pourtant tout aurait changé. Gollum n'aurait plus été la marionnette du destin, il l'aurait pris en main. Et se serait sauvé en sauvant les autres.

Une chose semble en tout cas acquise : pour que l'Anneau disparaisse, il fallait que Gollum disparaisse. Ce qui n'est pas dénué de logique, ne serait-ce que narrative. C'est après tout à travers lui que l'intrigue se noue au départ.
« Tout "Le seigneur des anneaux" repose sur la découverte de l'Anneau unique. Or cet Anneau est recherché d'un bout à l'autre du récit par un monstre lui aussi unique en son genre », note encore Claire Caland. Le dénouement survient quand ces deux entités se fondent l'une dans l'autre pour n'en former qu'une seule. Gollum était sorti des profondeurs de la terre pour recouvrer son « Trésor », et c'est dans les profondeurs de la terre qu'il se dissout avec lui. Poussières retournées à la poussière ■

A l'image de Caïn, qui assassine son frère Abel par jalousie, Sméagol (futur Gollum) tue Déagol pour lui ravir l'Anneau.

AISA/LEEMAGE - NEW LINE CINEMA/WINGNUT FILMS/DR

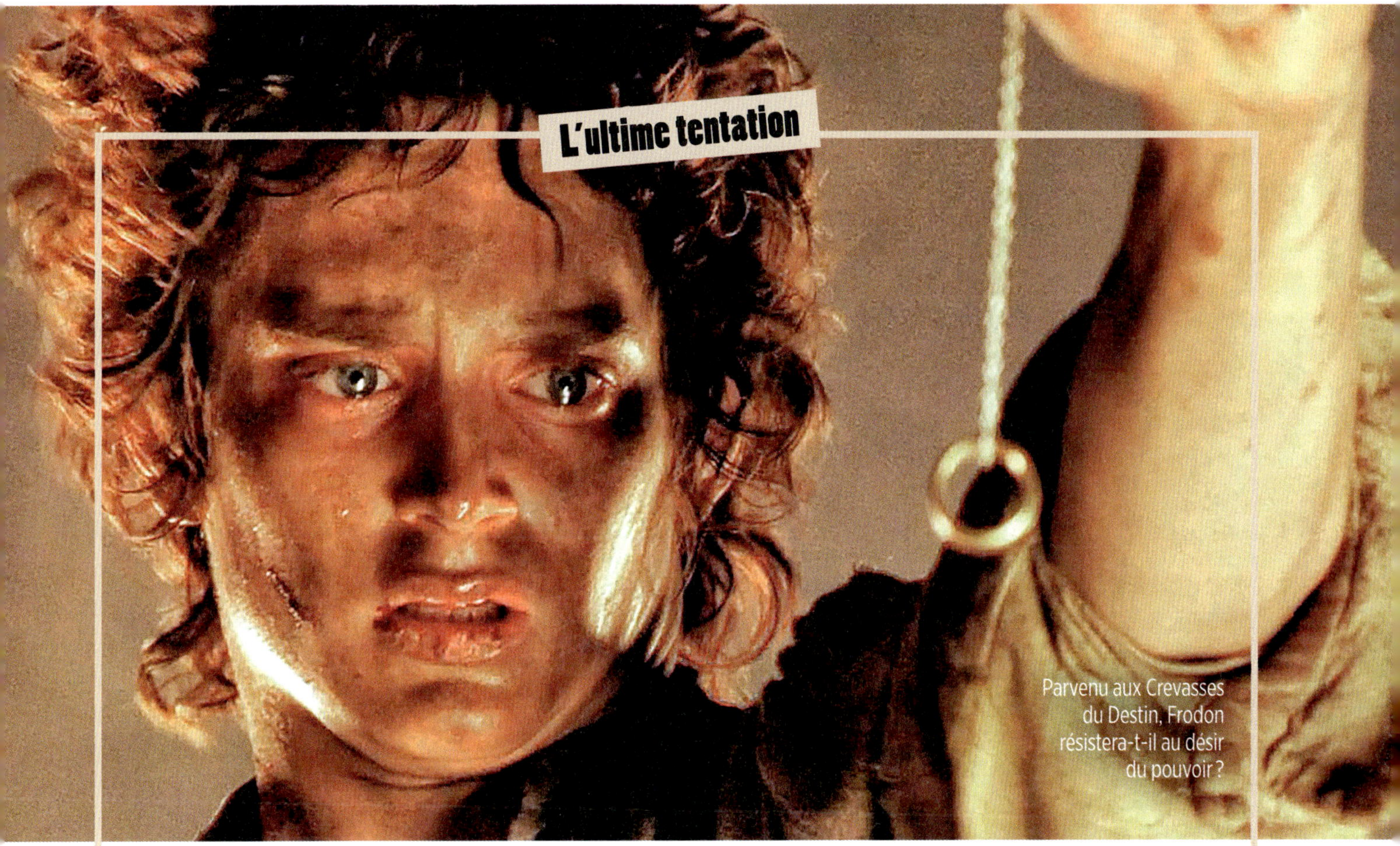

L'ultime tentation

Parvenu aux Crevasses du Destin, Frodon résistera-t-il au désir du pouvoir ?

« Sa main rencontra soudain un objet qui lui parut être un minuscule anneau de métal froid, gisant sur le sol du tunnel. C'était un tournant de sa carrière, mais il n'en savait rien. » Il s'agit là de l'épisode de la découverte de l'Anneau par Bilbon dans l'antre de Gollum, mais la trouvaille aurait pu s'appliquer à Tolkien lui-même qui, lorsqu'il introduit pour la première fois l'artefact, ne se doute absolument pas de son importance (ce dernier ne deviendra l'Unique qu'au bout d'un long chemin d'écriture). *« Le choix d'un anneau est assez ordinaire »*, commente à ce sujet Verlyn Flieger, professeur en mythologies comparées. *« Les contes et les romances européennes regorgent d'anneaux magiques. Le folklore, les mythes – de l'anneau de Salomon à celui de Polycrate, en passant par l'anneau d'invisibilité de Gygès –, on en trouve partout ! L'idée est donc sans doute venue assez naturellement à Tolkien. »* Il faut avouer que sa symbolique avait de quoi alimenter l'imagination du professeur : la circularité renvoie à la perfection, à la notion de cycle et, bien sûr, à celle du lien, de l'union. *« Dans la littérature anglo-saxonne, l'anneau est une monnaie d'échange habituelle entre un seigneur et ses fidèles. Les seigneurs y sont souvent surnommés* ring-givers, *"donneurs d'anneau". C'était une façon aisée de stocker de l'or. »* La valeur de l'objet, son caractère liant, presque ésotérique, tout cela mûrit certainement dans l'esprit de Tolkien, qui conçoit peu à peu les anneaux de pouvoir.

« Leur rôle primordial est celui de l'attachement. Créés par les Elfes, ils servent à les lier à leurs terres, à retarder le passage du temps, à relier le beau et le bien, à ralentir le déclin », expose Mirella Vadean dans le « Dictionnaire Tolkien ». Sauf que ce principe est détourné par Sauron, qui l'utilise pour mieux contrôler les autres. Dès lors, le pouvoir promis est une illusion : en fait de posséder, on en vient à être possédé. Comme l'écrit Verlyn Flieger dans « Une lumière éclatée », *« le désir de posséder constitue la tentation cardinale dans la cosmologie de Tolkien, et la possessivité la grande transgression. Le seul commandement – formulé une fois* [dans "Le Silmarillion", NDLR], *mais toujours implicite – revient à ceci : "Ne t'attache pas trop à l'œuvre de tes mains et aux projets de ton cœur." »* Car la conséquence ultime de ce lien est l'asservissement. Le pouvoir qu'on croit avoir sur les choses est celui que ces choses ont sur nous. On retrouve ici la maxime du penseur britannique lord Acton – *« Le pouvoir tend à corrompre, le pouvoir absolu corrompt absolument »* –, que Tolkien semble avoir reprise à son compte. En ce sens, l'Anneau unique n'incarne pas le mal mais bien la tentation, celle de croire qu'on *peut* tout. Autrement dit, l'éternel orgueil de l'homme qui voudrait s'élever à une condition divine ■ **P. L. V.**

ANDY SERKIS : « GOLLUM A ÉTÉ D'UNE IMPORTANCE CAPITALE »

Il est à Gollum ce que Frank Oz fut jadis à Yoda : une voix et un phrasé inoubliables, une âme prêtant vie à une créature pourtant virtuelle, bref un acteur à 200 % bien qu'on ne le voie techniquement jamais à l'écran. Andy Serkis revient pour nous sur la révolution que fut « Le seigneur des anneaux » dans sa carrière comme dans l'industrie du cinéma. Entretien avec un artiste au croisement du théâtre et de la technologie de pointe.

Le Point Pop: Quinze ans après « Le retour du roi », le public comprend-il mieux ce que vous avez accompli ou vous faut-il encore tout expliquer?

Andy Serkis: Il y a clairement eu un immense changement. A l'époque, personne ne comprenait en quoi consistait mon travail sur Gollum, il a fallu plusieurs années pour que les gens comprennent que ce personnage n'était pas le simple résultat d'effets visuels conçus par une équipe d'animateurs numériques. Que les émotions et l'âme de Gollum n'étaient pas créées à partir de rien en postproduction, mais calquées sur la performance d'un acteur, qui vivait et respirait intensément le rôle comme s'il apparaissait sous sa forme réelle.

Que saviez-vous de la « motion capture » au moment d'auditionner pour Gollum?

Rien ! Au départ, j'ai moi-même cru qu'il s'agissait simplement d'un doublage voix et j'avais d'ailleurs prévenu mon agent que ça ne me plairait pas beaucoup. La technologie qui a donné naissance à Gollum en était à ses balbutiements. On parlait alors uniquement de « motion capture », à savoir l'enregistrement des mouvements du corps via des capteurs. Aujourd'hui, on parle de « performance capture » parce qu'on peut en plus placer sur le visage des capteurs numériques qui recréent les expressions faciales. Peter voulait un acteur pour jouer Gollum parce qu'il tenait à ce qu'Elijah Wood (Frodon) et Sean Astin (Sam) aient une vraie personne en face d'eux avec qui interagir. Quand je l'ai rencontré à Londres pour la première fois, avec sa femme, Fran Walsh, il n'a pas évoqué la « motion capture » parce qu'il n'était pas sûr que cela fonctionnerait. Non seulement ce fut le cas, mais, la technologie évoluant très vite, entre « La communauté de l'anneau » et « Le retour du roi » on est passé d'une « mocap » tournée sur un plateau spécial, séparément des autres lieux, à une « mocap » tournée dans les décors réels. A titre personnel, c'est quand Peter Jackson m'a proposé de faire King Kong que j'ai pris conscience du potentiel de cette technologie. Je me suis dit que si je pouvais jouer aussi bien un Hobbit qu'un singe géant, c'était le début d'une nouvelle ère : celle où un acteur pourrait jouer absolument n'importe quel rôle, quelles que soient sa couleur de peau, sa taille, sa corpulence. Mais l'étape décisive fut vraiment « La planète des singes », qui m'a permis de tourner à 100 % en « performance capture » et en décors réels avec une foule d'autres acteurs eux aussi couverts de capteurs. Je pense que c'est à ce moment-là que le public et l'industrie du cinéma ont vraiment compris le principe.

Beaucoup d'acteurs auraient sans doute refusé le rôle de Gollum étant donné ses contraintes. Pourquoi avoir accepté?

Parce que je le trouve extrêmement complexe, aux prises avec un éternel conflit interne et un désir schizophrénique. J'ai adoré l'idée d'incarner dans une même créature la personnalité passive-agressive et manipulatrice de Sméagol, et le côté plus viscéral et violent de Gollum. Et puis j'ai ressenti une connexion très forte, dès mon premier rendez-vous, avec Peter Jackson et sa femme. J'ai senti qu'il était tombé amoureux de ce projet. J'ai bien fait d'accepter, tant ce rôle a changé ma carrière à jamais.

Vous est-il tout de même arrivé de le regretter? On sait que l'expérience fut parfois frustrante...

Andy Serkis, 53 ans, a fait ses débuts sur les planches londoniennes avant de percer au cinéma grâce au « Seigneur des anneaux ».

ARMANDO GALLO/ZUMA STUDIO/REA - NEW LINE CINEMA/WINGNUT FILMS/DR - 2002 NEW LINE PRODUCTIONS/CHRISTOPHEL

Couvert de capteurs, Andy Serkis a donné vie à Gollum grâce à la technique de « motion capture ». Le résultat à l'écran est bluffant.

C'était un processus très isolant, c'est vrai. A la fin d'une journée de travail, les autres acteurs rentraient en ayant la satisfaction d'avoir terminé leurs scènes. Moi, je rentrais en me disant que tout était encore un processus en cours, je n'avais pas du tout le même sentiment d'accomplissement – d'autant que je devais tourner plusieurs fois mes scènes. Il a fallu plus de deux ans pour que je puisse voir mes premières prises entièrement finies. Mais bon, j'étais le premier acteur à participer à la création d'un personnage numérique à une telle échelle. C'était très excitant !

Qu'avez-vous appris avec Gollum ?

Il a été d'une importance capitale, ce fut un véritable voyage psychologique pour moi. En tant qu'acteur, on se place toujours sous un microscope à chaque rôle qu'on joue et qui vous change profondément. Ce qu'on fait endurer à son corps et à son esprit, en se glissant dans la peau d'un autre, vous transforme physiquement et mentalement. Jouer Gollum m'a poussé plus qu'aucun autre rôle à m'ouvrir à l'empathie, à chercher des accroches dans le monde réel.

De votre travail sur Gollum à ce que vous faites sur « Mowgli », votre premier film en tant que réalisateur, qu'est-ce qui a changé ?

Cartographier toutes les expressions faciales d'un acteur pour les intégrer sur un visage humanoïde comme celui de Gollum fut déjà très complexe. Mais pour « Mowgli », il s'agit de transférer la psychologie, les émotions d'un acteur sur le visage d'une panthère, d'un tigre, d'un loup ou d'un ours ! La beauté de la « performance capture » est qu'elle permet d'insérer la vérité des émotions humaines dans des formes toujours plus abstraites. Et ce n'est que le début.

Pensez-vous que les Oscars reconnaîtront un jour à part entière des rôles comme celui de Gollum ?

Dans les différentes académies et les guildes professionnelles, les votants sont plus jeunes et comprennent mieux cette pratique qui se généralise. Les mentalités évoluent et je suis sûr que, bientôt, de plus en plus de récompenses seront décernées pour ce genre de performance. Mais je suis contre la création d'une catégorie spéciale parce que je considère que jouer en « performance capture » c'est la même chose que jouer sans. Quand un acteur joue en portant un maquillage et des prothèses qui le rendent méconnaissable, c'est pareil : la « performance capture », ce n'est rien d'autre qu'un maquillage numérique !

Si vous croisiez Gollum aujourd'hui, que lui diriez-vous ?

« Rhabille-toi ! » pour commencer *(rires)*. Sinon, je lui proposerais qu'on s'assoit et qu'il me raconte ce qu'il a sur le cœur. Et j'essaierais de l'aider. Ce serait un vrai défi mais je serais prêt à lui donner tout le temps qu'il faut, parce je lui dois bien ça ■ **PROPOS RECUEILLIS PAR PHILIPPE GUEDJ**

« J'ÉTAIS LE PREMIER ACTEUR À PARTICIPER À LA CRÉATION D'UN PERSONNAGE NUMÉRIQUE À UNE TELLE ÉCHELLE. »

NEW LINE CINEMA/COLLECTION CHRISTOPHEL

PROMENONS-NOUS DANS LES BOIS

Chez Tolkien, la nature et les forêts sont des personnages à part entière qui participent à l'apprentissage des héros et à la féerie de l'œuvre. **Par Jean-Rodolphe Turlin**

J.R.R. Tolkien chérissait les arbres et les forêts. Il ne s'en est jamais caché : sa dernière photo, prise durant l'été 1973 au pied d'un pin noir (son préféré) dans le jardin botanique d'Oxford, l'atteste, tout comme les nombreuses allusions dans sa correspondance. Ainsi déclarait-il dans une lettre de 1955 : « *J'aime (manifestement) beaucoup les plantes, et par-dessus tout les arbres, et il en a toujours été ainsi ; et j'ai autant de mal à supporter les mauvais traitements que leur font subir les humains que d'autres les mauvais traitements subis par les animaux.* » Cet aveu d'amour de la nature, si évident dans ses romans, a alimenté depuis un demi-siècle un malentendu sur les intentions de l'écrivain, l'intégrant à une tradition environnementaliste anglaise par-ci, le désignant comme un précurseur des écologistes par-là, ou bien le rattachant, de façon très hardie, à des philosophies d'inspiration new age. Mais lorsqu'on explore les passionnants rameaux de l'œuvre de Tolkien, les choses ne sont pas aussi simples.

A la racine de cette passion, on trouve une enfance insouciante dans la campagne, alors préservée, du sud de Birmingham, à l'ombre des arbres qui bordaient la petite rivière Cole. Ces souvenirs précieux ont d'autant plus marqué le jeune homme que la période heureuse s'est achevée à la mort prématurée de sa mère, en 1904. Dès lors, Tolkien cultive un rapport nostalgique à la nature, renforcé par une foi catholique qui conduit au respect de la création divine. Dans son esprit, les espaces boisés seront pour toujours apparentés à des havres de paix. Et pourtant, dans

« Je suis un Hobbit », déclarait l'écrivain, qui partage avec Frodon l'amour de la nature et le plaisir de fumer la pipe. Ci-dessus : dessin du vieil Homme-Saule réalisé par Tolkien.

BILL POTTER/CAMERAPRESS/GAMMA - BODLEIAN LIBRARIES/TOLKIEN ESTATE

« Le seigneur des anneaux », la première impression que donne la forêt au lecteur est très inquiétante. Force est, en effet, de constater qu'en Terre du Milieu, à l'époque de Frodon et de Sam, on ne s'aventure pas sous l'ombre des arbres pour le plaisir. Les mythes anciens sont passés par là.

Comme l'explique le médiéviste Claude Lecouteux, dans les littératures germaniques, la forêt *« est omniprésente et possède presque toujours un caractère surnaturel ou, à tout le moins, inquiétant »*. Elle peut être *« dense et sombre et impénétrable »* et représente une *« frontière naturelle »*. Tous ces attributs correspondent à l'impression générale que donnent au lecteur les forêts du « Seigneur des anneaux ». Tolkien, qui s'est nourri, entre autres, aux légendes germaniques, les présente sous un jour ambivalent, avec une menace sous-jacente. Sous les ombres sylvestres vivent des créatures fantastiques et terrifiantes, à l'instar des araignées géantes de la Forêt Noire parcourue par Bilbon lors de ses aventures. Bien qu'elle ne figure pas dans les paysages explorés par la Compagnie de l'Anneau, la Forêt Noire (Mirkwood en VO) est présente sur la carte qui ouvre le roman et de nombreux dialogues y font allusion. Mirkwood est une anglicisation du vieux norrois (la langue des anciens Vikings) *myrkviðr*, qui signifie « bois sombre ». Tolkien a emprunté ce nom à la mythologie germanique et l'emploie, ici aussi, pour dépeindre, à travers les différents sentiers de l'étymologie, une forêt dont les ombres inspirent une grande peur. Même si la Forêt Noire en annonce d'autres, il serait néanmoins réducteur de qualifier les forêts de Tolkien de *« lugubres »*, comme le fit en 1972 un journaliste, contre lequel l'écrivain s'insurgea. En fait, chacune présente des caractéristiques propres et une histoire qui la distingue des autres.

Le vieil Homme-Saule, symbole d'une nature dévastée

La Vieille Forêt, voisine de la Comté, est la première explorée par les héros du « Seigneur des anneaux ». Elle semble être pleine de vie, mais une vie exclusivement végétale, chargée de ressentiment envers les Hobbits, coupables de grands défrichements dont les traces sont encore visibles. Vengeresse, elle brouille les sens, modifie le tracé des chemins qui la traversent et attire les Petites Gens dans un piège conçu par le vieil Homme-Saule, cœur malfaisant de cette forêt. Sa traversée est périlleuse et aurait pu bien mal finir sans l'intervention inopinée de Tom Bombadil. Cette figure étrange, sorte d'esprit de la forêt, de gardien des arbres et de la nature, est un personnage à propos duquel Tolkien n'a •••

« J'AIME PAR-DESSUS TOUT LES ARBRES, ET IL EN A TOUJOURS ÉTÉ AINSI. » J.R.R. TOLKIEN

Dans la forêt de Fangorn vit Sylvebarbe (représenté à gauche par Alan Lee), gardien immémorial des lieux. Il est le doyen des Ents, des créatures à l'apparence d'arbres, qui se soulèveront contre les destructions industrielles de l'Isengard.

jamais souhaité en dire trop. Plus que tout autre, peut-être, il tient du conte de fées traditionnel (ce qui explique en partie son absence des films), et cette impression est renforcée par le couple qu'il forme avec la non moins mystérieuse Baie d'Or, la *«fille de la rivière»*. Pour Jean-Philippe Qadri, qui les a bien étudiés, Tom et Baie d'Or seraient des *«figures de ce que la vie aurait pu être en Arda Immarie»*, c'est-à-dire, d'après la cosmogonie composée par Tolkien, dans un monde non touché par la lente corruption du mal. Ils représenteraient *«une création non déchue»*. On pourrait rapprocher Tom Bombadil de Väinämöinen, le magicien poète du «Kalevala», la fameuse épopée finnoise, qui a beaucoup marqué Tolkien lorsqu'il était étudiant. D'autres y voient une sorte d'Orphée de la Terre du Milieu ou une image d'Odin, le dieu germanique. Fort d'un tel statut, il permet en tout cas de rétablir un équilibre entre la terreur que peut représenter la figure monstrueuse du vieil Homme-Saule, sombre symbole d'une nature maltraitée, devenue jalouse, défiante et rancunière, et la quête généreuse entamée par les Hobbits. Selon l'expression de Tolkien dans un courrier datant de 1954, Bombadil pourrait représenter une *«part de contrôle»* entre *«préservation et destruction»*. L'explication ne lève en rien le mystère sur son identité profonde, voulu par l'écrivain, qui précisait: *«Même dans un âge mythique, il doit y avoir des énigmes, comme il y en a toujours.»*

Bergers des arbres

L'épisode de la Vieille Forêt, et ses questions restées délibérément en suspens, préfigure l'exploration d'un autre grand espace sylvestre dont Tolkien ouvre les futaies au lecteur un peu plus loin dans le récit du roman: la forêt de Fangorn, *«obscure et terriblement remplie par les arbres»*. Le toponyme «Fangorn», exprimé dans la langue des Elfes, peut être traduit en «Sylvebarbe». C'est aussi le nom du principal gardien de ces étranges bois. Ils sont en effet le refuge des Ents, espèce intelligente à la peau semblable à l'écorce des arbres, dont les origines remonteraient à la jeunesse du monde. Fangorn/Sylvebarbe, sorte de «berger» des arbres, est le plus ancien d'entre eux. Cette forêt a également besoin que soit garantie une forme d'équilibre. A l'instar de Bombadil dans la Vieille Forêt, ce sont ici les Ents qui en sont chargés, d'autant que les arbres surnaturels et menaçants qui *«apparaissent en train de s'éveiller à leur propre conscience»*, pour reprendre un mot tardif de Tolkien, sont bien plus nombreux dans les vallées profondes de Fangorn que dans la Vieille Forêt. Les Ents, création originale de Tolkien, semblent être apparus «sans préméditation» sous sa plume. En réalité, comme le rappelle Sébastien Mallet, professeur de philosophie versé dans la question sylvestre, il y avait une *«présence quasi inconsciente des Ents dans quelques textes antérieurs»*, notamment à travers l'existence, dans les anciennes versions de la mythologie de Tolkien, de géants légendaires comparés à de grands arbres. D'ailleurs, l'étymologie du terme «ent» pour désigner ces personnages sylvestres désigne, en vieil anglais, les «géants». Pour Sébastien Mallet, les Ents *«appartiennent entièrement à la "faërie". Ils n'ont pas vocation à être des symboles»*. De ce point de vue, par leur seule présence, ces bergers des arbres renforcent l'aspect surnaturel, et l'impression de sourde colère,

ALAN LEE/HARPER COLLINS - NEW LINE CINEMA/WINGNUT FILMS/DR

d'une forêt vieillissante, abîmée par l'action inconsidérée de la plupart des autres espèces.

Sans évoquer les bois elfiques, qui sont des espaces bien particuliers mais qui présentent à leur façon d'autres formes de dangers potentiels, la diversité des paysages sylvestres du « Seigneur des anneaux » fait de ceux-ci un terrain propice à des rites d'initiation variés. Comme dans les contes, on n'en ressort pas indemne et il faut, pour y parvenir, affronter les épreuves et accéder ainsi à un statut supérieur. Bilbon l'avait fait en pénétrant dans la Forêt Noire ; Frodon et ses amis vivent cet acte du passage entre un monde qui leur est familier, la Comté, et cette Vieille Forêt à la réputation sinistre ; et, plus tard, c'est au tour de Merry et Pippin de franchir le seuil de Fangorn. Chaque fois, les Hobbits en ressortent « grandis » (c'est même littéral pour les deux derniers). En affrontant ces dédales initiatiques, ils ont gagné en maturité et en sagesse. Ils ne subissent plus la féerie mais en deviennent acteurs à part entière.

Tolkien a délibérément rendu ses forêts plus sombres et plus complexes dans « Le seigneur des anneaux » qu'elles ne le sont dans le reste de son œuvre. Comme l'analyse Isabelle Pantin dans « Tolkien et ses légendes », elles paraissent *« malades de leur propre vieillesse »*. Les beaux noms elfiques d'autrefois ont disparu : Neldoreth, la forêt de hêtres où l'Humain Beren vit pour la première fois l'Elfe Lúthien, Taur-im-Duinath, la « Forêt entre les Fleuves », Nimbrethil, qui signifie « les bouleaux argentés »... Ou bien ils se sont contractés, comme Lindórinand, la « Vallée du Pays des Chanteurs », devenu Lothlórien puis simplement Lórien, le « Pays d'Or », ou encore Eryn Galen, « Vert-Bois-le-Grand », devenu Mirkwood, la Forêt Noire. Ce lent déclin des forêts, Tolkien ne l'a pas cherché du côté des mythes germaniques. Il serait plutôt à relier au symbole arthurien de la « terre gaste », c'est-à-dire la terre inféconde, dont le lien avec le spirituel a été rompu en raison de l'absence du roi. Si le Mordor, le domaine aride de Sauron, est la « terre gaste » par excellence, les forêts du « Seigneur des anneaux » semblent être dans une phase de transition. Après le retour du roi, la « terre gaste » et le mal refluent. Mirkwood, par exemple, est libérée de ses créatures maléfiques. Puis, et ce n'est pas un hasard, elle prend un nouveau nom elfique, celui d'Eryn Lasgalen, le « Bois aux Vertes Feuilles ».

Tous ses éléments réunis permettent de préciser progressivement les intentions de l'écrivain aux yeux des lecteurs attentifs. Les motifs inquiétants et fascinants, entremêlés comme les branches d'un vieux pin, contribuent d'une part à rendre les forêts merveilleuses et d'autre part à présenter les arbres comme les acteurs d'une féerie et d'une cosmogonie plus vastes en arrière-plan. Enfin, et c'était peut-être le premier objectif de Tolkien, ils invitent le lecteur à partager un amour, simple et nostalgique, de la nature ■

ON NE RESSORT PAS INDEMNE DE LA FORÊT, TERRAIN PROPICE AUX RITES D'INITIATION VARIÉS.

Frodon, Pippin, Sam et Merry sont loin d'imaginer où va les mener leur périple.

JOHN HOWE : « TOLKIEN NOUS FAIT PERCEVOIR L'ÉPAISSEUR DES CHOSES »

«S*on art capturait ce que j'espérais capter avec mes films.* » Peter Jackson ne s'y est pas trompé, qui a confié à John Howe le soin d'imaginer l'esthétique cinématographique du « Seigneur des anneaux » et du « Hobbit ». Illustrateur historique de la Terre du Milieu, le dessinateur canadien a façonné, avec son camarade britannique Alan Lee, notre imaginaire tolkiénien. Il aurait aussi pu, nous en sommes convaincus, jouer Gandalf: tignasse rebelle, barbe grisonnante, érudition étourdissante, tout y est. La preuve en images et dans le texte.

Le Point Pop: Pourquoi êtes-vous si attaché au monde de Tolkien?

John Howe: Il faut du temps pour prendre conscience de toute la profondeur de l'univers de Tolkien, qui est intimement lié à notre héritage culturel. Tolkien nous fait nous interroger sur notre façon de percevoir la fantasy, sur l'existence d'archétypes et sur le spectre de la diversité culturelle. Beaucoup de ce qu'il dépeint n'existe pas et n'existera jamais. Pourtant, nous savons à quoi cela ressemble, nous avons des opinions profondes à ce sujet. Personne n'a jamais vu de dragons, mais nous savons tous les reconnaître. Ce savoir commun est la clé de voûte du travail de Tolkien. Ses sources d'inspiration, à l'image de ses langues, sont pleines de surprises, de clichés et de contre-pieds, et d'une grande sensibilité. Son plus grand mérite est peut-être d'avoir fait revivre l'essence des antiques épopées légendaires qui semblent si éloignées des lecteurs modernes que nous sommes. Tolkien nous fait percevoir l'épaisseur des choses, nous présente des personnages dans lesquels nous nous identifions, et sa poésie nous emporte.

Avez-vous développé une façon de dessiner spécifique à cet univers?

Je m'efforce justement de n'avoir aucune approche particulière, de ne définir aucune règle, aucune directive. Rien n'est gravé dans le marbre, chaque image est une possibilité. Je suis conscient qu'il y a des constantes – par exemple, mes Balrogs ont toujours tendance à ressembler à ceux que j'ai dessinés pour les livres et les films. Il peut exister une sorte d'harmonie visuelle qui fait écho à quelque chose d'essentiel dans la conscience collective et dans le thème traité pour devenir indissociables d'un concept. Je suis convaincu que c'est lié aux archétypes au sens jungien: une image peut contenir l'essence de plusieurs images. Cela dit, je suis généralement prudent quant aux choses que je sais dessiner. Trop de facilité conduit à faire des raccourcis et à un changement d'interprétation, d'« imago » à « logos ». J'ai tendance à considérer l'imago dans son acception entomologique: l'exuviation dont la chrysalide symbolise le potentiel des possibles avant la métamorphose finale. Cet état du devenir, c'est ce qu'une image doit accomplir: suggérer et non tracer, évoquer et non décrire trop précisément, stimuler l'imagination et non réprimer la créativité.

Quel est le personnage que vous préférez illustrer?

Je préfère les personnages qui ne sont pas parfaits, ceux qui échouent malgré leurs efforts. Boromir est l'un de mes favoris, parmi tant d'autres. Un Balrog, c'est excitant à peindre, mais ce n'est pas un personnage complexe. En revanche, les similitudes entre le Balrog et les anges chassés du paradis fournissent une fascinante piste à explorer.

Est-il plus difficile de concevoir un personnage ou un paysage?

Les personnages de Tolkien sont profondément complexes, mais ses paysages sont également bien plus que de simples toiles de fond. Sa géographie est très symbolique. L'Anduin n'est ni le Danube, ni la Volga, ni le Rhin, mais l'esprit est le même: un fleuve qui traverse le continent, qui prend sa source dans les terres sauvages pour se jeter dans la mer au cœur de la grande civilisation du Gondor. Dans un autre genre, les terres brûlées et dévastées du Mordor représentent probablement la détresse spirituelle endurée pendant la Première Guerre mondiale, faisant ainsi écho aux blessures de l'âme. A l'inverse, le royaume des Elfes peut faire référence au paradis terrestre... Percevoir les paysages de Tolkien, cela revient à s'y promener mentalement, en

JOHN HOWE

Les représentations de Gandalf réalisées par John Howe (ici une version de 1989) sont parmi les plus populaires chez les fans.

JOHN HOWE/HARPER COLLINS

faisant des croquis au cours de sa promenade. J'ai un sens très aigu de ce qui est convenable pour les dépeindre, même si aucun argument logique ne peut étayer mon opinion. Je trouve ainsi que les paysages nord-américains ne conviennent pas, bien que ce soit certainement ceux que je connais le mieux puisque j'ai grandi en Colombie-Britannique. En revanche, on peut trouver les Alpes et le Jura dans mon œuvre, de même que des lieux sauvages comme l'Ecosse, l'île de Skye ou les Orcades. Pour les Premier et Second Ages de la Terre du Milieu, le sud des Andes, le parc de Torres del Paine du côté argentin sont parfaits. Les rivages du Beleriand se trouvent en Nouvelle-Zélande, non loin de Wellington, à White Rock. Je ne peux ni l'expliquer ni le justifier, c'est un mélange d'expérience personnelle et de souvenirs idéalisés provenant de mes lectures. Il n'y a aucune approche logique de ma part. J'ai appris à suivre mon instinct lorsque quelque chose me semble approprié. Les émotions que je ressens, même si je ne parviens à en capturer qu'une infime quantité, seront, j'espère, ressenties par ceux qui découvriront mon travail. Et cette transmission, bien qu'imparfaite, est ce qui m'intéresse le plus.

Beaucoup considèrent la fantasy comme de la sous-littérature. Pour vous, c'est au contraire un des genres les plus nobles. Pourquoi ?

Dans ses formes les moins originales, ce n'est pas faux. Lorsqu'un univers est vidé de substance, ne gardant que l'apparence, il n'a pas beaucoup d'intérêt. La fantasy souffre •••

L'artiste sur le trône de l'Elfe Thrandruil, lors du tournage du « Hobbit », dont il fut l'un des directeurs artistiques.

souvent de cette mauvaise perception. Mais personne ne peut prétendre que la fantasy sérieuse ne contient aucun thème cher à la « haute » littérature. Beaucoup de gens sont convaincus que la littérature doit être immédiatement reliée au présent, aux préoccupations modernes, à la philosophie postfreudienne, pour pouvoir être prise au sérieux. La fantasy est au contraire intimement attirée par la condition humaine et la psyché dans ce qu'elles ont d'universel. La science-fiction souffre des mêmes préjugés.

Vous parlez souvent de réalisme fantastique concernant vos œuvres. Qu'entendez-vous par là ?

Il semble que la fantasy soit condamnée à subir le sempiternel reproche d'être déconnectée de la réalité. Ce reproche n'est pas justifié, il est fondé sur le manque d'intérêt et l'incompréhension de la substance de la fantasy, mais aussi de la nature du « réel ». Je regrette qu'un groupe de peintres se soit attribué le nom de « surréaliste », car c'est un terme très pratique et il se trouve hélas réduit à des montres molles et des pommes flottant dans les airs. On pourrait décrire la fantasy comme « sur-réelle » ou « plus-que-réelle », ou encore « ur-réelle » dans le sens de primitif, originel (« *ur* » est un préfixe proto-indo-européen signifiant « au-dessus », « en dehors »). « Ur-réelle » me convient bien pour définir la fantasy. Ce que l'on considère « réel » devrait idéalement inclure le fantastique. La réalité ne doit pas empêcher l'imagination de travailler. Soustraire la fantasy de la réalité revient à restreindre l'horizon que nos yeux peuvent percevoir. Tandis que nos sens ont des limites, l'âme n'en a pas. L'horizon proche est tangible, l'horizon lointain ne peut être perçu que de façon liminale. Je dirais que le réalisme fantastique est un moyen de reconnecter l'image au langage afin de permettre à « imago » et « logos » de parler la même langue.

On dit souvent que les films appauvrissent l'imagination parce qu'ils imposent une imagerie fixe par rapport aux livres. Qu'en pensez-vous ?

Je suis convaincu qu'une image qui ne marque pas le lecteur finira par disparaître. L'imagination du lecteur procède souvent par élimination. Plutôt qu'une image précise, il n'aura qu'une vague idée de ce à quoi quelque chose ressemble. En revanche, il saura instinctivement à quoi cette chose ne ressemble pas. Plus largement, nous devons nous demander d'où proviennent les images. Elles ne tombent pas du ciel, mais elles sont le produit syncrétique d'échanges culturels, de l'évolution de mythes, de l'Histoire, des migrations, et souvent du remplacement des anciens panthéons par des dieux plus récents. Lorsque nous pensons aux Nains, devons-nous faire resurgir les mineurs du Moyen Age ou de la Renaissance, ou est-ce plus compliqué que cela ? Doit-on remonter aux divinités chthoniennes renversées par des dieux solaires ? Pourquoi l'habit du Petit Chaperon est-il rouge ?

Une question que je ne vous ai pas posée mais à laquelle vous aimeriez néanmoins répondre ?

Oui : n'en avez-vous pas assez de Tolkien ? Je me demande si je serai un jour lassé d'explorer la Terre du Milieu. C'est une curieuse aventure que de mélanger les véritables paysages que j'ai eu la chance de découvrir à la vision imaginaire du monde de Tolkien, pour trouver comment les deux pouvaient se rejoindre. C'est un vaste royaume de l'imagination parcouru avec de grosses bottes de randonnée ■ **PROPOS RECUEILLIS PAR PHALÈNE DE LA VALETTE**

Croquis de Gandalf effectué en 1993.

« LA FANTASY EST INTIMEMENT ATTIRÉE PAR LA CONDITION HUMAINE ET LA PSYCHÉ DANS CE QU'ELLES ONT D'UNIVERSEL. »

IMAGINALES

le festival des mondes imaginaires

DU 24 AU 27 MAI 2018

ÉPINAL / PARC DU COURS

Créatures

WWW.IMAGINALES.FR

BIBLIOGRAPHIE

SP

Textes sur J.R.R. Tolkien et son œuvre

« Dictionnaire Tolkien », sous la direction de Vincent Ferré, CNRS Editions, 2012.

« J.R.R. Tolkien, auteur du siècle », T.A. Shippey, Bragelonne-Essais, 2016.

« J.R.R. Tolkien, l'effigie des Elfes », sous la direction de Michaël Devaux, Bragelonne-Essais, 2014.

« J.R.R. Tolkien, une biographie », Humphrey Carpenter, Pocket, 2009

« The Atlas of Middle-Earth », Karen Wynn Fonstad, Harpers Collins, 2017.

« Une lumière éclatée : logos et langage dans le monde de Tolkien », Verlyn Flieger, Desclée de Brouwer, 2014.

« Tolkien et la Grande Guerre », John Garth, Christian Bourgois Editeur, 2014.

« Tolkien et la religion : comme une lampe invisible », Leo Carruthers, Presse de l'université Paris-Sorbonne, 2016.

« Tolkien et ses légendes », Isabelle Pantin, Biblis CNRS Editions, 2009.

« Tolkien, l'encyclopédie illustrée », David Day, Hachette Heroes, 2017.

« Tolkien, trente ans après (1973-2003) », Vincent Ferré, Christian Bourgois Editeur, 2004.

« Tolkien aujourd'hui », études réunies par Michaël Devaux, Vincent Ferré et Charles Ridoux, Presses universitaires de Valenciennes, 2011.

Textes de J.R.R. Tolkien

« Le Hobbit », Christian Bourgois Editeur, 2001.

« Le seigneur des anneaux », édition intégrale, Pocket, 2012.

« Le Silmarillion », Pocket, 2017.

« Les monstres et les critiques et autres essais », Pocket, 2013.

« Lettres », Pocket, 2013.

« The Art of The Lord of the Rings by J.R.R. Tolkien », commenté par Wayne G. Hammond et Christina Scull, Harper Collins, 2015.